1 Hinweis La Palma... mal anders! Reiseführer 2021

Von Andrea Müller

 Kommentare und Fragen sind herzlich willkommen:

Andrea Müller, Calle Las Cuevas, 8
E- 35542 Punta Mujeres, Provinz Las Palmas, Lanzarote
Web: www.fuerteventura-mal-anders.de
mailto:ebook@lfuerteventura-mal-anders.de

Seitenanzahl: 96 Seiten
Anzahl Karten in Schwarz / Weiß: 25

2 Impressum

Bibliografische Information der Deutschen Nationalbibliothek

Die Deutsche Nationalbibliothek verzeichnet diese Publikation in der Deutschen Nationalbibliografie; detaillierte bibliografische Daten sind im Internet über http://dnb.d-nb.de abrufbar

Herstellung und Verlag
BoD – Books on Demand, Norderstedt

ISBN: 9783753471907

3 Die Geschichte der Kanarischen Inseln

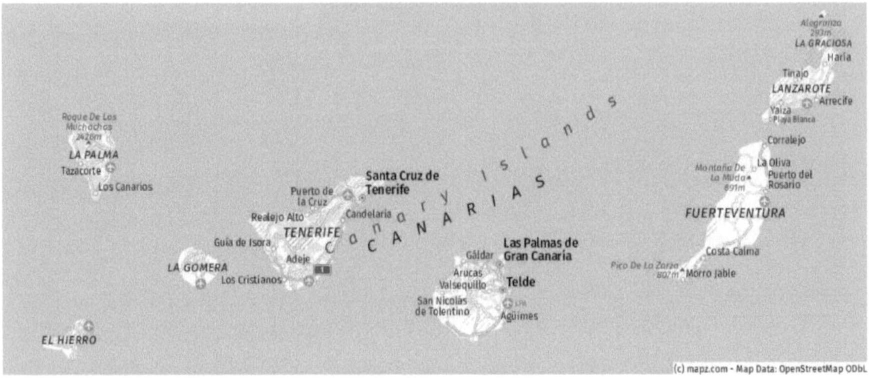

Der Archipel besteht aus den 8 Inseln: La Graciosa, Lanzarote, Fuerteventura, Gran Canaria, Teneriffa, La Palma, La Gomera und El Hierro. Sie gehören politisch zu Spanien und geografisch zu Afrika. Sie liegen 1200 km vom spanischen Festland und zwischen 100 und 500 km westlich von Marokko entfernt. Alle Inseln sind vulkanischen Ursprungs, ihr Alter nimmt von Ost nach West ab.

Vor Millionen Jahren drängten gewaltige Magmamassen durch Bruchlinien der Erdkruste nach oben, explodierten in heftigen Vulkanausbrüchen und formten mit ihren Basaltlavaströmen die Inseln. In mehreren Eruptionsschüben von unterschiedlicher Dauer und Intensität formten sie die heutigen Inselprofile.

Fuerteventura mit etwa 22. Mio. Jahren, Lanzarote und La Graciosa mit 15.5 Mio. Jahren sind die ältesten Inseln des Archipels. Gran Canaria entstand vor ca. 14.5 Mio. Jahren, Teneriffa vor 12. Mio. und La Gomera vor 11. Mio. Jahren. La Palma und El Hierro sind mit 2. bzw. 1.2 Mio. Jahren die jüngsten Kanarischen Inseln. Die Ureinwohner stammen von nordafrikanischen Berbern ab und entwickelten auf den einzelnen Inseln, unabhängig voneinander, unterschiedliche Kulturen. Auf Lanzarote hießen sie Majos, auf Fuerteventura Majoreros, auf Gran Canaria Canarios, auf Teneriffa Guanchen, auf La Palma Benahoaritas, auf La Gomera Gomeros und auf El Hierro Bimbaches.

Sie lebten auf Steinzeitniveau in Wohnhöhlen und ernährten sich von gesammelten Pflanzen, angebautem Getreide und Hülsenfrüchten, Produkten aus der Tierhaltung, insbesondere von Ziegen und in Küstennähe von Fisch und Schalentieren.

Die Eroberung und somit die Unterwerfung der Kanaren fand zwischen den Jahren 1403 und 1496 durch die spanische Krone statt.

4 LA PALMA

La Palma hat eine Gesamtfläche von 718 qkm. Die vulkanischen Aktivitäten sind heute noch an vielen Stellen wie an der Vulkanroute auf der Cumbra Vieja und dem Krater der Caldera de Taburiente zu sehen. Mit ihrem markanten Relief weist La Palma im Verhältnis zur Grundfläche weltweit die höchsten Erhebungen auf. Das Vulkangebirge, das sich über die gesamte Insel erstreckt ist über 2000 m hoch. Der Roque de Muchachos ist mit 2426 m der höchste Berg und nach dem Teide auf Teneriffa der zweithöchste Berg des Archipels. La Palma trägt die Beinamen Isla Bonita = hübsche Insel und Isla Verde= grüne Insel, da sie mit 40% Waldbedeckung im Vergleich zu den anderen Inseln, die waldreichste ist. Sie hat ihren Charme und ursprünglichen Charakter behalten, da der extreme Massentourismus ausblieb.

Notizen…✐…

5 Santa Cruz de La Palma

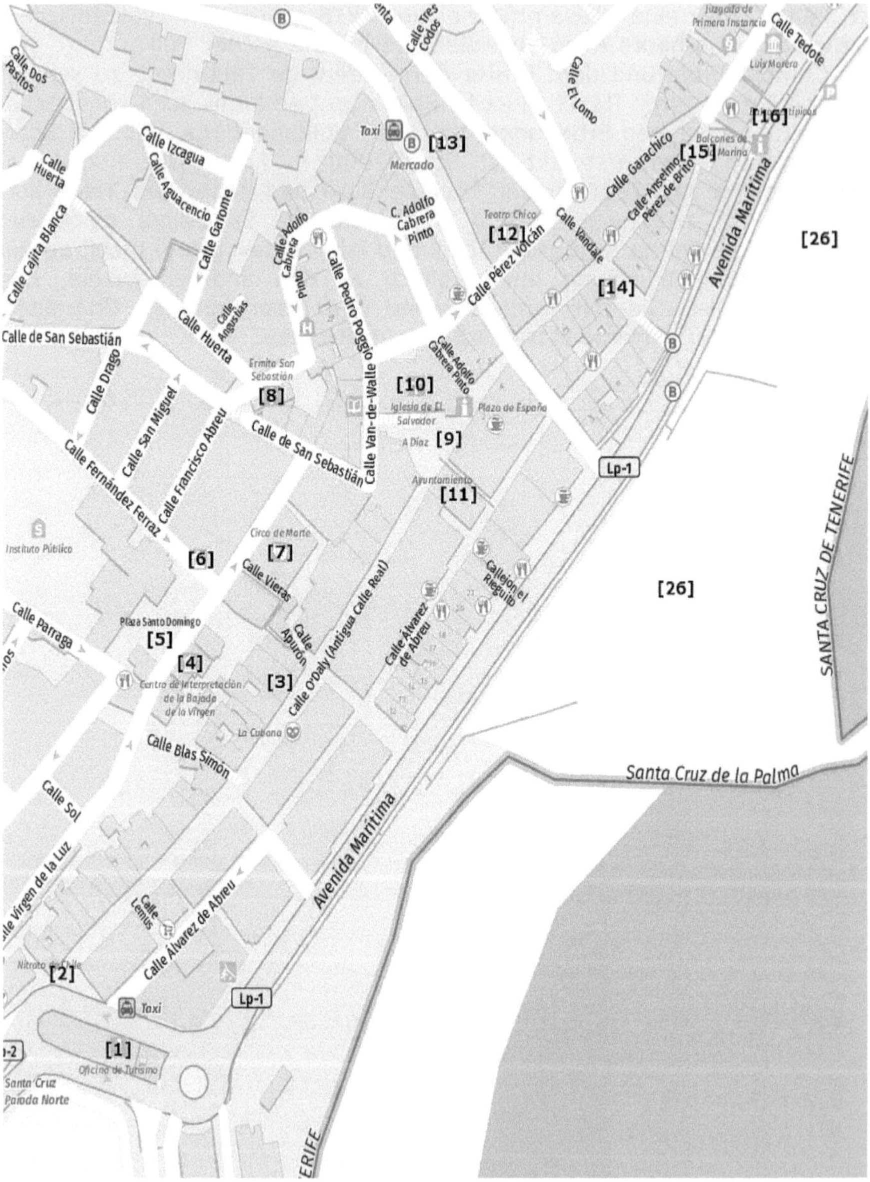

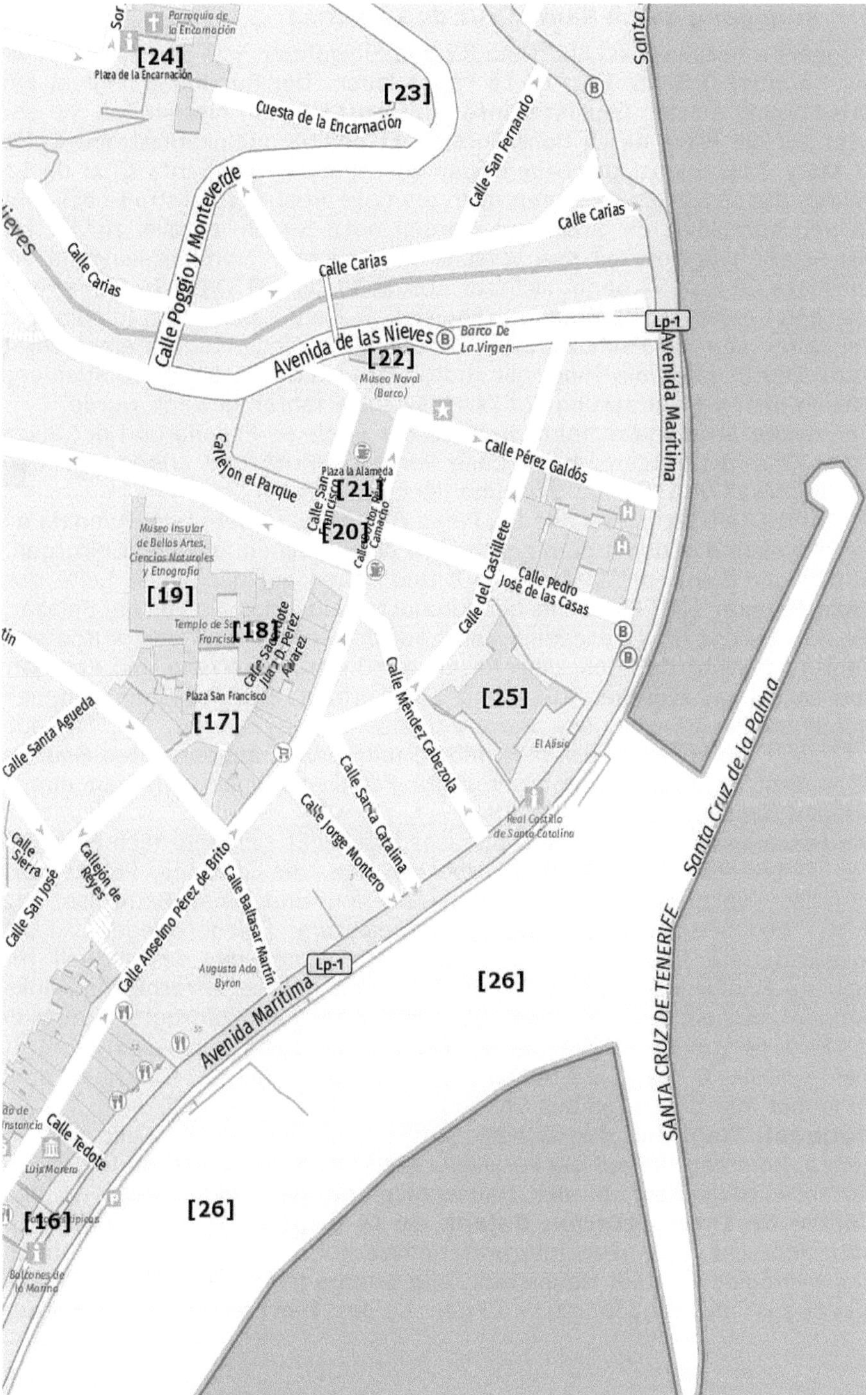
Parroquia de la Encarnación
[24]
Plaza de la Encarnación
[23]
Cuesta de la Encarnación
Calle Poggio y Monteverde
Calle San Fernando
Calle Carias
Calle Carias
Calle Carias
Avenida de las Nieves
Barco De La Virgen
Lp-1
[22]
Museo Naval (Barco)
Avenida Marítima
Calle Pérez Galdós
Callejon el Parque
Plaza la Alameda
[21]
[20]
Museo Insular de Bellas Artes, Ciencias Naturales y Etnografía
[19]
Calle del Castillete
Calle Pedro José de las Casas
[18]
Plaza San Francisco
[17]
Calle Santa Agueda
Calle Méndez Cabezola
[25]
El Alisio
Real Castillo de Santa Catalina
Calle Santa Catalina
Calle Jorge Montero
Calle Sierra
Callejón de Reyes
Calle San José
Calle Anselmo Pérez de Brito
Calle Baltasar Martín
Augusta Ada Byron
Lp-1
Avenida Marítima
[26]
Santa Cruz de la Palma
SANTA CRUZ DE TENERIFE
Calle Tedote
Luis Morera
[16]
[26]
Balcones de la Marina

6 Rundgang durch Santa Cruz de La Palma

Insgesamt hat die Insel La Palma 83.000 Einwohner, von denen 16.000 in der Hauptstadt Santa Cruz de La Palma leben. Der Rundgang beginnt am Ortseingang an der **Touristeninformation [1]**. Von hier stoßen Sie vor Kopf auf die Plaza de La Constitución mit der Haupteinkaufsstraße **Calle O´Daly [2]**. Sie ist die Lebensader der Altstadt von Santa Cruz de La Palma, die seit frühsten Zeiten auch als Calle Real- Königsstraße bekannt ist und durchläuft die Stadt von Norden nach Süden, parallel zur Küste. Die Straße trägt derzeit drei verschiedene Namen: Vom Ortseingang bis zur Plaza de España nennt sich der Abschnitt Calle O´Daly. In Erinnerung an den irischen Kaufmann Dionisio O´Daly, dem treuhändischen Verwalter von La Palma, dessen Rechtsstreit gegen den Gemeinderat dazu führte, dass die Insel der erste Verwaltungsbezirk ganz Spaniens war, in dem die Verfassung per Zensuswahlverfahren gewählt wurde.
Der zweite Straßenabschnitt zwischen der Plaza de España und der Plaza de la Cruz del Tercero, heißt Calle Pérez de Brito und erinnert an den Rechtsanwalt von O´Daly, Anselmo Pérez de Brito.
Das dritte Teilstück, die Calle Dr. Pérez Camacho, endet in der Avenida de las Nieves und gedenkt dem berühmten palmerischen Arzt und Chirurgen.
Nun folgen Sie dem Straßenverlauf und sehen auf der linken Seite das **Casa Salazar [3]**. Es ist das bedeutendste Haus, das die Familie Salazar, die aus Burgos in Nordspanien kam, auf der Insel besaß und wurde von Ventura Salazar de Frias, dem Ritter des Ordens Calatrava und Ratsherr von La Palma, zwischen 1631 und 1642 erbaut. Die aus Stein gehauen Quadersteine spiegeln den Barockstil des Hauses wieder. Die Fassade schmückt ein schmiedeeiserner Balkon mit seitlich angebrachten Säulen, über dem das aus Marmor gefertigte Familienwappen zwischen einem offenen Giebeldreieck zu sehen ist.
Die Faszination des alten Herrenhauses erschließt sich erst nach Betreten des Gebäudes. Im Innenhof erblicken Sie die geballte Pracht aus Mujader- Holzdecken, umlaufenden Galerien und einer Bauweise, die auch zu jener Zeit absoluten Reichtum wiederspiegelte. Die Inselregierung kaufte und restaurierte das Gebäude, das aktuell für insulare Konferenzen genutzt wird. Im Eingangsbereich rechts und links befindet sich ein Souvenirshop mit zertifizierter handgefertigter Kunst. ⏲ Mo-Fr 9-14 und 16-21 Uhr, Sa 9-14 Uhr, sonntags geschlossen 💰 Eintritt frei ⌂ Calle O´Daly, 22 ⓘ Der Innenhof und das 1. Geschoss sind begehbar, der obere Teil des Gebäudes ist nicht zugänglich.
Optional: Wenn Sie die nächste Straße nach links in die Calle Apurón gehen, kommen Sie auf die Parallelstraße Virgen de La Luz mit folgenden Sehenswürdigkeiten: In der Häuserzeile auf der linken Seite ist das **Centro de Interpretación Bajada de la Virgen [4]** im Haus Nr. 13 untergebracht. Das neue Interpretationszentrum zeigt und erklärt Ihnen das wichtigste Fest der Hauptstadt. Alle 5 Jahre feiert Santa Cruz von Juni bis August die Bajada de la Virgen de las Nieves, die zu Ehren der

Schutzpatronin der Insel stattfindet. Im Jahre 1676 trugen die Inselbewohner die Marienstatue von Las Nieves hinunter in die Stadt, um die Fürsprache der Heiligen Jungfrau zu erflehen, damit die furchtbare Dürreperiode unter der die Landschaft, die Menschen und das Vieh schon viel zu lange litten, ein Ende nähme. So erließ der Bischof García Ximénez die kirchliche Verfügung, dass dieser fromme Akt ab dem Jahr 1680 alle fünf Jahre zu wiederholen sei.
Am zweiten Sonntag im Juli startet die Semana Grande, die große Woche der Bajada, mit dem Umzug der Mascarones, der Riesen und Dickköpfe, die Märchenfiguren wie die Bruja, die Hexe, und auch aktuelle Comicfiguren darstellen. Seit 1945 ist der Mittwoch dem Minuett gewidmet, dessen Musik aus der Feder des palmerischen Komponisten Luis Cobiella Cuevas stammt. Die Tanzveranstaltung spielt auf dem Prunk und die Eleganz des Rokokos im 18. Jahrhundert an. Der unbestreitbare Höhepunkt des Festes findet am Donnerstag derselben Woche mit dem La Danza de los Enanos, dem Zwergen Tanz, dessen Ursprung auf die Fronleichnamsfeiern des Jahres 1833 zurückzuführen ist, statt. Am Ende der Ausstellung können Sie ein interaktives Foto von sich machen, das automatisch auf der Museums- Facebook- Seite erscheint. 🕒 Mo-Fr 10-15 Uhr, Sa 10-13 Uhr, So geschlossen 💰€ 4,50 Kombiticket mit dem Museo Naval € 7,00 ⌂ Calle Virgen de La Luz, 13
Erhöht auf der linken Seite liegt der Platz mit der Kirche **Plaza e Iglesia de Santo Domingo [5]**. An der Einmündung Calle Virgen de la Luz zur Calle Fernándes Ferraz führen Stufen auf die Plaza, die seitlich von 2 großen indischen Lorbeerbäumen dominiert wird. Links, neben den zwei nebeneinander liegenden Halbkreistüren mit überdachtem Holzbalkon, befindet sich das Instituto de Enseñanza Secundaria, die Hochschule für das Lehreramt. Die Kirche Santo Domingo, die sich in der gleichen Fassade rechts befindet, ist geschlossen. Zu Messezeiten können im Inneren der Kirche flämische Kunstwerke aus dem 16. und 17. Jahrhundert, die von niederländischen Kaufleuten auf die Insel gebracht wurden, bewundert werden.
Rechte Hand befindet sich das **Museo Educación- Germán González [6]**. Das Museum für Bildungsgeschichte ist eine Hommage, an den im Jahr 2011 verstorbenen Germán González, dem Hauptverfechter der öffentlichen Bildung in Santa Cruz. Noch zu Lebzeiten wurde ihm 2000 der offizielle bedeutende Viera y Clavijo- Preis verliehen. Die Räumlichkeiten präsentieren ein altes kanarisches Klassenzimmer mit Mobiliar, Lehrbüchern und pädagogischem Material, das im 20. Jahrhundert verwendet wurde. 🕒 Mo-Fr 10-14 Uhr 💰 Eintritt frei
Sie folgen der Calle Virgen de La Luz weiter nach rechts und sehen auf der rechten Seite das hellblau- weiße Gebäude des **Teatro Circo de Marte [7]**. Damals diente das Gebäude als Austragungsort für Hahnenkämpfe und Zirkusvorstellungen. Es wurde 1871 eröffnet und in der Zeit von 1914- 1918 restauriert. Heute finden in den Räumlichkeiten

Konzerte und Theaterveranstaltungen statt. Direkt gegenüber liegt die Taquilla für den Kartenverkauf. Wenn Sie der Straße folgen, gehen Sie am Ende links die Calle San Sebastián hoch, die zum gleichnamigen Platz mit Kapelle- **Plaza San Sebastián y Ermita [8]** führt. Sie war die Hauptverkehrsstraße, die durch das Viertel lief und trug den Beinnahmen La Canela, der auf die Herstellung von Zimt- Süßspeisen zurückzuführen ist. Sie wurde nach dem heiligen, römischen Märtyrer Sebastian, dem Schutzpatron gegen die Pest, benannt. Die Straße gliederte sich in den Camino Real, den Königsweg ein, der die Hauptstadt mit dem Tal von Aridane und den Hafen von Tazacorte verband. Die Ermita wurde im 16. Jahrhundert erbaut und weist eine inseltypische Architektur auf: Haupteingang, Holzbalkon und Glockenturm liegen auf einer Achse übereinander. Sie kann während der Messezeiten besichtigt werden. Auf der aufgestellten Bank vor der Kirche kann der Zauber des Viertels mit einem wunderbaren Meerblick genossen werden.

Zurück zu Haupteinkaufsstraße O´Daly:

Wenn Sie nun dem Straßenverlauf nach oben folgen, geht die Calle O´Daly in die breitere Calle Real über, an der sich auf der linken Seite die **Plaza de España [9]** mit der **Iglesia de Salvador [10]** befindet. Der Hauptplatz von Santa Cruz hatte im Laufe seiner Geschichte immer eine Doppelfunktion. Er war öffentlicher Platz der Iglesia de El Salvador, der Erlöserkirche, und gleichzeitig Veranstaltungsort für die wichtigsten Feiern der Stadt. Hier finden u.a. das Fest zu Ehren der Schutzheiligen, die Gründungsfeier der Hauptstadt, Fronleichnam, die Karwoche und Weihnachten statt. Anfang des 19. Jahrhunderts wurde er Plaza de La Constitución, dem Platz der Verfassung genannt, um der ersten Verfassung Spaniens, die im Jahr 1814 in Cádiz unterzeichnet wurde, zu gedenken. Weiterhin ist er auch als Plaza del Consistorio, Gemeinde- und Rathausplatz sowie als Plaza de la Iglesia, Kirchplatz, bekannt. Sein heutiger Name ist Plaza de España. Der trapezförmige Platz bildet mit der Kirche, dem gegenüberliegenden Rathaus und den Bürgerhäusern eine auf den Kanaren einzigartige Einheit im Renaissance- Stil.

Das Gebäude Monteverde mit der Hausnummer 1 wurde von Pablo Monteverde im Jahr 1618 gebaut und zwischen 1922 und 1935 restauriert. Hausnummer 2 ist das Gebäude Lorenzo, das im klassizistischen Stil des 18. Jahrhunderts gebaut und 1900 reformiert wurde. Die Erlöserkirche mit dem Glockenturm aus Vulkanstein ist auf das 15. Jahrhundert datiert und wurde im 16. Jahrhundert fertig gestellt.

Im Gebäude Massieu, mit der Hausnummer 4 aus dem 18. Jahrhundert befindet sich die CajaCanarias. Haus Nummer 5, Casa Pereyra stammt aus dem Jahr 1864 und wurde von Miguel Pereyra Pérez umgebaut.

Mittig des Platzes befindet sich das Denkmal des Priesters Manuel Díaz, der in der ersten Hälfte des 19. Jahrhunderts eine wichtige Figur im politischen und kulturellen Leben auf La Palma darstellte. Der

Stadtbrunnen aus dem Jahr 1588, auch La Pila genannt, komplettiert den Platz.
Auf der gegenüberliegenden Seite ist das Rathaus **Ayuntamiento de Santa Cruz de La Palma [11]**. Nach einem schweren Brand im Jahr 1553 entschied sich die Inselregierung für den neuen Bau des Rathauses von Santa Cruz. Die Bauarbeiten begannen 1559 und bereits nach 8 Jahren konnte das neue Bürgerhaus eingeweiht werden. Im Erdgeschoss prägen 4 Torbögen die Fassade, im Obergeschoss sieht man jeweils zwei ovale und rechteckige Fenster. Zahlreiche Relieves und Inschriften stellen die Tugenden und Laster der damaligen Zeit dar.
Sie folgen dem Straßenverlauf bis zur kreuzenden **Avenida del Puente**, die Sie überqueren und links hoch gehen. Nach der ersten Querstraße, der Calle Pérez Volcán, sehen Sie auf der rechten Seite das **Teatro Chico [12]** mit der angrenzenden Markthalle **La Recova [13]**. Das kleine Theater wurde im Jahr 1866 von der Gesellschaft "Terpsícore y Melponeme" als Ort für Shows und öffentliche Feste gegründet. Das Gebäude war eigentlich das Oratorium des alten Krankenhauses Hospital Dolores y Concepción, das im Jahr 1514 gegründet wurde. Nachdem das Hospital im Jahr 1837 in das Kloster der Nonnen Claras verlegt wurde, hatten die darauffolgenden Umbauarbeiten das Ziel den heiligen Charakter des Gebäudes nicht mehr zu erkennen, um es als Theater nutzen zu können. Aktuell dient es als Kino.
In und vor der Markthalle La Recova findet das alltägliche Leben zwischen Obst- und Gemüse, Käse- und Fleischtheken statt. Profitieren Sie von der bunten Vielfalt der lokalen Produkte. Die Markthalle befindet sich auf dem Gelände des ehemaligen Krankenhauses Nuestra Señora de Los Dolores, das 1514 gegründet wurde. Das Gebäude wurde 1886 im klassizistischen Stil gebaut und besticht durch die horizontale Linearität. Das Eingangstor wurde in das beschlagende Mauerwerk eingelassen und mit einem halbkreisförmigen Giebel verziert. Alle anderen Eingangstüren sind durch Wandpfeiler voneinander getrennt und führen in getrennte Räume, die mit der eigentlichen Markthalle verbunden sind, aber einen separaten Zugang haben. Am rechten Eckbereich der über den Türen verlaufenen Balustrade sieht man die kleine Skulptur von San Cristóbal, dem Heiligen Christopherus, der den Autofahrern als Schutzpatron gilt und hier als Symbol für den ersten Taxistand der Stadt angebracht wurde. Durch ein, unter dem Dach durchlaufenden Fensterband, wird die Halle mit natürlichem Tageslicht ausgeleuchtet. 🕒 Mo-Sa 6-14 Uhr, So geschlossen ⌂ Avenida del Puente, 16
Sie gehen zurück zur Haupteinkaufsstraße, die jetzt Calle Anselmo Pérez heißt und folgen dem Straßenverlauf nach links. Auf der linken Straßenseite, Haus Nummer 9, hat der Königliche Jachtclub, **der Real Club Nautico**, seinen Sitz. Im Jahr 1817 gründete José María Fierro Santa Cruz y Brito den Königlichen Jachtclub in seinem Familiensitz. 1904 wurde das Gebäude für den gegründeten Sport- und Jagdverein gemietet

und 1920 vom späteren Vereinspräsident erworben. Das historische Gebäude wurde im Jahr 1906 vom damaligen spanischen König Alfonso III., der als erster König Spaniens kanarischen Boden betrat, besucht. Heute finden hier Ausstellungen, literarische Musikabende, Theatervorstellungen, Buchpräsentationen und Treffen literarischer Zirkel statt.

Sie gehen weiter und kommen auf der rechten Seite auf die **Plaza de Vandale [14]**. Der Platz verdankt seinen Namen der flämischen Familie Van Dalle, die sich im 16. Jahrhundert auf La Palma niederließ. Der aus Antwerpen stammende Pauwel Van Dalle und Terlinxs, seines Zeichens Herr von Lilloot, Berendrech, Zuitland und Ballert von Flandern, Ritter vom Goldenen Sporn und Schirmherr des Sankt- Bernhard- Kollegiums der Universität Leuven, war der erste Ansiedler der Familie.

Zu den repräsentativsten Gebäuden des Platzes zählt das Haus mit der Nummer 16, die Casa Carmona aus dem Jahr 1831. Der Aussichtsturm bietet einen schönen Blick auf das Meer.

Der Platz wird von Flammenbäumen umgeben, die je nach Jahreszeit rot blühen. Im hinteren Teil befindet sich die Bronzeskulptur mit dem Namen Lo Diviono. Sie ist eine Hommage an Weihnachtsmusikgruppen, die in der Zeit vom 13. bis 24. Dezember jede Nacht singend und spielend durch die Straßen der Hauptstadt ziehen. Dieser Brauch ist auf vergangene Zeiten zurückzuführen, als traditionelle Musikvereine mit Kastagnetten, Tamburin, Trommeln, Pauken und Flöten auf den Straßen musizierten, um sich Weihnachtsgeld für die Feiertage zu verdienen.

Gegenüber dem Platz liegt das weiße Haus Nr.15 mit wehenden Flaggen, in der sich die **Vereinigung der Forscher** befindet. Sie wurde 1885 in Santa Cruz gegründet und hat ihren Sitz im ehemaligen Haus der Familie Nicolás Massieu Salgado. Das Gebäude hat drei Fassaden und teilt die Wohnfläche auf drei Etagen inklusive Mittelgeschoss auf. Auffällig sind die Staub und Regenfänger über der oberen Fensterreihe, die von Marmorbüsten und dem Familienwappen gekrönt werden. Die Vereinigung erwarb das Haus im Jahr 1931 und baute es nach ihren Bedürfnissen um.

ⓘZutritt nur für Mitglieder

Kurz danach treffen Sie auf der rechten Seite auf die **Placeta de Borrero [15]**. Der kleine Platz mit einem Brunnen aus Basalt wurde namentlich erstmals im 16. Jahrhundert erwähnt und wird von typischen kanarischen Häusern umgeben.

Hier beginnt der 3. Abschnitt der Einkaufsstraße, die jetzt Calle Peréz de Brito heißt.

Von hier aus führt die kleine Gasse auf der rechten Seiten, entlang des Restaurants La Placeta, zu den ausgeschilderten **Balcones Tipícos [16]**. Zum Wahrzeichen der Hauptstadt zählen die Holzbalkone der Häuser an der Avenida Marítima, die zu den besterhaltenen ihrer Art auf den Kanarischen Inseln zählen. Im Stil portugiesischer Vorbilder gehalten, hatten die Balkone neben der dekorativen Ausschmückung der Fassaden seit jeher auch praktischen Nutzen und dienten der Frischluftzufuhr. Die Rückseiten der Häuser sind nach Osten dem Atlantik zugewandt, sodass die Bewohner die Meeresbrise dazu nutzten, um die Zimmer zu lüften. An den Balkonen wurde oft die Toilette angebracht, damit der Geruch und das Abwasser außerhalb der Häuser auf die Straße lief und von dort ins Meer floss.

Darüber hinaus dienten die Balkone auch der zusätzlichen Kontrolle des Seeverkehrs im Hafen von Santa Cruz. Neben den Aussichtspunkten auf den Dächern der Häuser boten die Balkone eine gute Sicht auf die Bucht, sodass das Ein- und Auslaufen der Schiffe, das Be- und Entladen der Waren bequem beobachtet werden konnte.

Casa Sicilia Nummer 38: Das Haus wurde im letzten Jahrzehnt des 18. Jahrhunderts von dem Geistlichen Jerónimo Sicilia der Pfarrgemeinde El Salvador erbaut und ist auf der Rückseite mit einem geschlossenen und verglasten Doppelbalkon ausgestattet, welcher sich über das dritte und vierte Stockwerk erstreckt.

Casa Escobar Nummer 39- 40: In seinem heutigen Zustand wurde das Haus vom Ehepaar Felipe Bautista Poggio Monteverde und Maria de Escobar y Guzmán erbaut.

Casa Felipe Nummer 41: Das Gebäude wurde Anfang des 19. Jahrhunderts vom Oberleutnant der Miliz und Postmeisters Antonio José Felipe erbaut und blieb bis in die heutige Zeit unverändert erhalten. Es hat einen offenen Doppelbalkon mit Toilette Richtung Nordhang.

Casa Morales Nummer 42: Die Fassade des Hauses, welche in der 2. Hälfte des 18. Jahrhunderts von dem Seidenhandwerksmeister José Antonio Morales erbaut wurde, fällt aufgrund seiner asymmetrischen Gestaltung ins Auge. Der Balkon ist einstöckig hat eine vorgezogene Überdachung und befindet sich mittig auf der Höhe des dritten Stockwerkes.

Casa Sansón Nummer 43: Das Gebäude wurde Ende des 18. Jahrhunderts von dem Seidenhandwerksmeister Antonio Romualdo Sansón erbaut. Das Stockwerk auf dem sich der Balkon Richtung Meerseite befindet, wurde im darauffolgenden Jahrhundert neugestaltet, nachdem das Haus in den Besitz des Marinekapitäns Buenaventura Felipe Carmona übergegangen war, der diesen Balkon einstöckig und offen anbringen ließ.

Casa Ferrer Carta Nummer 44: Die Brüder Ferrer Carta erbauten dieses Haus Ende des 18. Jahrhunderts. In der Front hat es einen verglasten Doppelbalkon, der sich über das dritte und vierte Stockwerk erstreckt.

Casa Ferrer Nummer 45: Das Wohnhaus des mallorquinischen Händlers Raimundo Ferrer wurde zwischen 1770 und 1780 erbaut und verfügt über einen Doppelbalkon, der über die gesamte Fassade verläuft. Er ist auf der unteren Ebene mit Glasscheiben versehen und auf der oberen offen.

Casa Ferrer Martínez Nummer 46: Im späten 18. Jahrhundert erbaute Pater Antonio Ferrer Martínez dieses Haus, das einen Doppelbalkon besitzt. Die untere Ebene des Balkons ist offen und erstreckt sich über die gesamte Fassade, die obere Ebene ist mittig angelegt, geschlossen und verglast.
Sie gehen zurück zur Haupteinkaufsstraße, der Sie weiter nach rechts folgen, bis Sie zur kreuzenden Calle Baltasar Martín kommen. Hier gehen Sie nach links und nehmen die erste Straße, die Calle San José, rechts. Auf der linken Seite sehen Sie die **Plaza de San Francisco [17]** mit der gleichnamigen Kirche **Paroquia de San Francisco [18]** und das Inselmuseum **Museo Insular [19]**. Im Jahr 1508 gründete der Franziskanerorden das Kloster Real Convento de la Inmaculada Concepción, das Kloster der unbefleckten Empfängnis, und legte den davor gelegen Platz, die Plaza de San Francisco, als ebene Fläche an. Hier fanden in den darauffolgenden 500 Jahren, bis zur Enteignung der Kirche im 19. Jahrhundert, die wichtigsten religiösen Feiern innerhalb des Klostergeländes statt. Ein aus Stein gehauener Brunnen, der sich ursprünglich im unteren Kreuzgang des Klosters befand, wurde mit einem Baum bepflanzt und prägt das Erscheinungsbild der Plaza. Das imposante Kloster wurde in ein Museum umgewandelt.
Die Hauptfassade des Klosters zeigt oberhalb des Portals die Replik einer vertikalen Sonnenuhr, die der irische Kaufmann Teobaldo MacGhee um 1721 auf eigene Kosten anfertigen lies.
Zwischen der Kirche und dem Kloster ragt der Glockenturm über eine massive Verkleidung aus Lavasteinen, die 1799 fertig gestellt wurde. Im Erdgeschoss links befindet sich das Eingangstor des Klosters, das die Vorkammer mit der Kapelle des Ehrwürdigen Dritten Ordens verbindet.
Die Franziskanermönche, die Alonso Fernández de Lugo bei der Eroberung der Insel begleiteten, begannen nachdem sie 15 Jahre in Strohhütten gelebt hatten, im Jahre 1508 auf ausdrücklichen Wunsch der Königin Juana mit der Errichtung eines Klosters, des Vierten ihres Ordens auf den kanarischen Inseln. Das Wappenschild Kastiliens, das im Hauptportal zu sehen ist, weist auf die königliche Schirmherrschaft hin. Die 1540 errichtete Kapelle, die Capilla de Monterrat, mit ihrem Steinbogen und der geschnitzten Kassettendecke zählt zu den frühsten Ausdrücken der Renaissancekunst auf den Kanaren.
Vom Eingang unter dem Glockenturm führt ein Gang zum einem Raum, indem die Eintrittstickets gekauft werden müssen. Dieser diente damals als Pförtnerloge und war so gesehen, der Filter zwischen der urbanen Welt und dem Kloster. Mit einer kleinen Glocke konnten die Mönche gerufen werden, um nach Empfehlungen zu fragen und die Armen kamen zu ihnen, um nach Essen zu fragen.
Ausführliche Schautafeln auf Deutsch führen durch den gesamten Komplex, das neben einer naturkundlichen und navalen Ausstellung auch Kunstwerke präsentiert. In der angeschlossenen Bibliothek José Pérez

Vidal liegen antike Bände und Aufzeichnungen aus. Sehenswert ist auch der alte Innenhof mit Orangenbäumen, die u.a. von der spanischen Königin Sofia und dem ehemaligen Bundespräsidenten Richard von Weizsäcker gepflanzt wurden. 🕒 Mo-Fr 9.30-19 Uhr, Sa 10-13 Uhr, 💰 Erwachsene: €4,00, Kinder unter 18 Jahren frei. Senioren ab 65 Jahren (mit Ausweis) frei. Feiertags geschlossen, letzter Einlass 1 Stunde vor Schließung.
Sie folgen dem Straßenverlauf der Calle San Francisco und kommen auf der rechten Seite auf die **Plazuela De La Cruz Del Tecero [20]**. Zwischen zwei Palmen steht das nach seiner Eroberung im Jahr 1493 von Alonso Fernández de Lugo aufgestellte Kreuz. Es symbolisiert die am 03. Mai jenes Jahres erfolgte Gründung der Stadt. Zu den jährlichen Gründungsfeiern im Mai wird das Kreuz mit Stoffen, Schmuck und Blumen verziert. Daneben schließt erhöht die **Plaza de La Alameda [21]** an. Der Platz wird von großen indischen Lorbeerbäumen umrandet und ist ein beliebter Treffpunkt bei Einheimischen. Das Zentrum bildet ein achteckiger Kiosk aus dem 19. Jahrhundert, der mit aufgestellten Tischen und Stühlen zum Verweilen einlädt.
Hinter dem Kiosk, Richtung Kolumbusschiff, entdecken Sie eine Zwergen-Skulptur mit Napoleon- Hut, die als Inselsymbol und Schlüsselfigur der Eigenheiten und Vorlieben der Bevölkerung steht. Nähere Einzelheiten zu diesem Kult finden Sie im Interpretationszentrum Virgen de La Bajada [2]. Nun kommen Sie automatisch auf das **Museo Naval- Barco De La Virgen [22]** zu. Das Schiff ist ein exakter Nachbau der Santa Maria, der Karavelle mit der Christoph Kolumbus 1492 von La Palma aufbrach, um die Neue Welt zu entdecken. Im Innenbereich birgt es das Marinemuseum mit einer Sammlung aus Seekarten, Modellen, Dokumenten und Konstruktionsplänen. In der zweiten Etage befindet sich die Kajüte des berühmten Seefahrers. Auf der Brücke des obersten Decks erleben Sie das Gefühl aktiv an der Entdeckung Amerikas teilgenommen zu haben. 🕒 Mo-Fr 10-18 Uhr, Sa+So 10-14 Uhr, 💰 Erwachsene € 4,50, Rentner+65 J. gegen Vorlage des Ausweises € 3,50, Kinder unter 12 Jahren frei
<u>Optional</u> führt der ausgeschilderte Weg hinter dem Kolumbusschiff zum **Castillo de La Virgen [23]** und zur **Plaza y Iglesia de la Encarnación [24]**. Hinter dem Kolumbusschiff wird der Weg zum Castillo De La Virgen ausgewiesen. Nach einem Zebrastreifen und über einen Barranco, einem natürlichem Talbett, durch das Wasser bei extremen Regenfällen ins Meer geleitet wird, geht es bergauf zum Castillo de la Virgen. Der Zugang erfolgt links am Gebäude vorbei.
Plaza E Iglesia De La Encarnación: Oberhalb des rosafarbenen Gebäudes in dem sich das Cabildo Insular, die Inselregierung befindet, führt die Straße Cuesta La Encarnación zur Plaza und Iglesia De La Encarnación. Der Platz wird durch 10 große, indische Lorbeerbäume dominiert, und bietet zur Meerseite hin einen beeindruckenden Ausblick über die Stadt.

Auf der rechten Seite liegt die Iglesia. Sie ist das erste nach der Eroberung im Jahr 1493 errichtete Gotteshaus in Santa Cruz und das zweitälteste der Insel, um das die ersten Wohnhäuser der entstehenden Stadt gebaut wurden. Im Jahr 1553 wurde sie nach einem Piratenüberfall geplündert, blieb jedoch von einem Brand verschont. Von Interesse sind die flämischen Werke der Jungfrau der Inkarnation und des Erzengels Gabriel aus den Jahren 1522 und 1532, die jedoch nur zu Messezeiten, wenn die Kirche geöffnet ist, angesehen werden können.
Für den weiteren Rundgang folgen Sie hinter dem Kolumbusschiff der Avenida de Las Nieves nach rechts Richtung Meer und befinden sich bereits auf dem Rückweg zumr Touristeninformation. Nun gehen Sie nach rechts auf die Avenida Maritíma. Auf der rechten Seite kommen Sie am **Castillo de Santa Catalina [25]** vorbei. Die Festung war eine Verteidigungsstation, die von 1683 bis 1692 errichtet wurde nachdem die bereits existierende Anlage von der Seeseite durch Piraten zerstört wurde. Sie erhielt ihren Namen durch die Nähe zur ehemaligen Wallfahrtskirche Santa Catalina de Alejandria. Der Torbogen auf der Eingangsseite ist mit dem Emblem der Heiligen Drei Könige geschmückt. Der Grundriss ist viereckig und weist vier Wehrtürme auf jeder Ecke auf. Das Castillo befindet sich in Privatbesitz und wurde 1951 zum historisch-künstlerischen Erbe erklärt. Vom hier genießen Sie einen wunderbaren Blick auf den Stadtstrand bis hin zu den vorgelagerten Inseln Teneriffa und La Gomera. ➀(Vorderseite: Avenida Marítima/ Eingangsseite: rechts in die Calle Méndez Cabezola und dann rechts in die Calle del Catillete).
Ab hier beginnt auf der linken Seite der Stadtstrand, die **Playa del Malecón [26]**.
Der 550 m lange und bis zu 120 m tiefe dunkle Feinsandstrand zählt zu den größten der Insel und wurde 2014 für € 28 Mio. mit 700.000 cbm Sand aufgeschüttet. Dank der Strandwacht können Sie sicher im Meer baden gehen.

Notizen...✐...

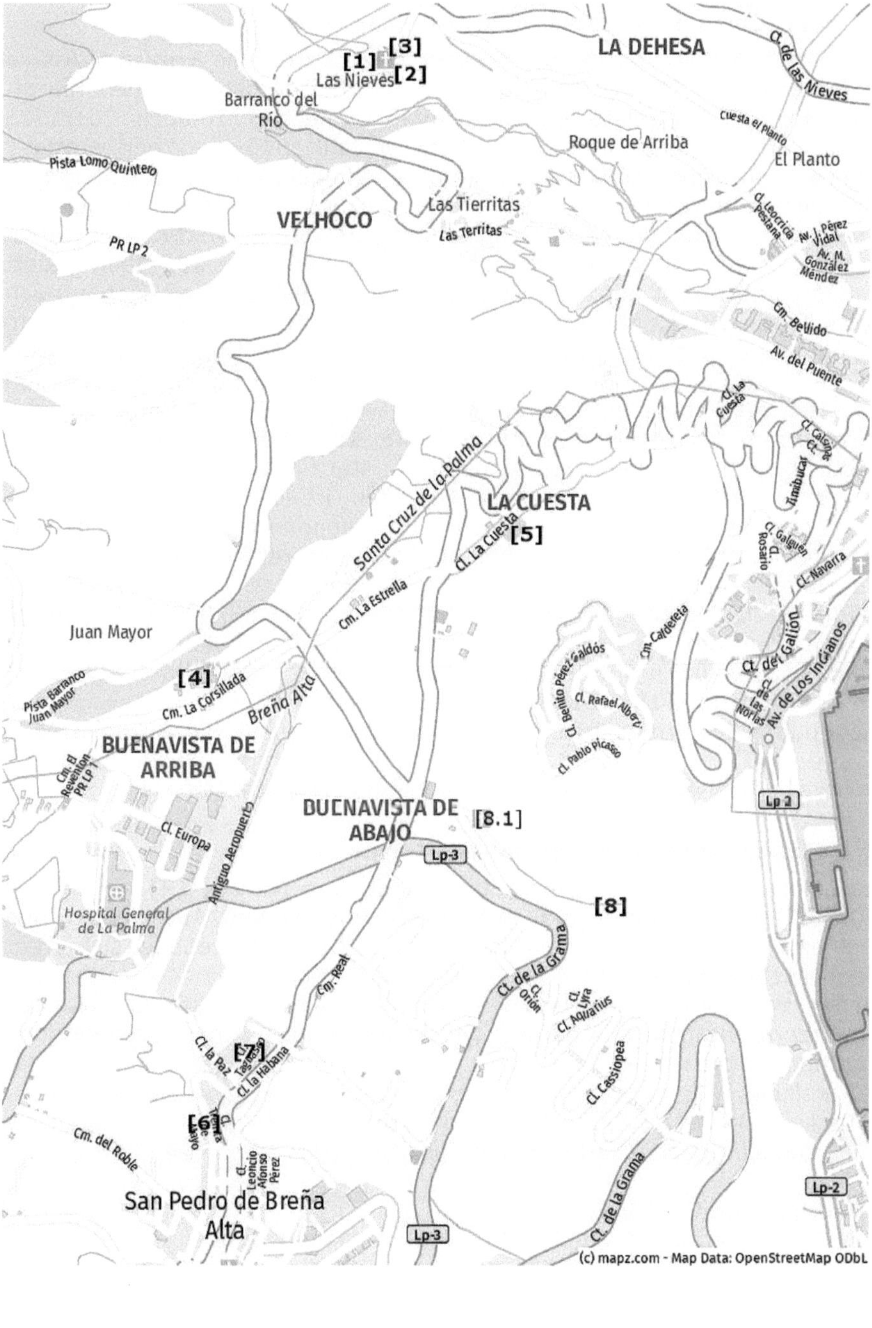
[1]
[2]
[3]
Las Nieves
LA DEHESA
Cl. de las Nieves
Barranco del Río
Cuesta el Planto
Roque de Arriba
El Planto
Pista Lomo Quintero
VELHOCO
Las Tierritas
Las Territas
PR LP 2
Cl. Leocricia Pestana
Av. J. Pérez Vidal
Av. M. González Méndez
Cm. Bellido
Av. del Puente
Cl. La Cuesta
Santa Cruz de la Palma
LA CUESTA
Cl. La Cuesta
[5]
Timibucar
Cl. Galguén
Rosario
Cl. Navarra
Cm. La Estrella
Cm. Calderetа
Juan Mayor
Cl. del Galión
Av. de Los Indianos
[4]
Pista Barranco Juan Mayor
Cm. La Corsillada
Breña Alta
Cl. Benito Pérez Galdós
Cl. Rafael Alberti
Cl. Pablo Picasso
BUENAVISTA DE ARRIBA
Cm. El Reventón PR LP 1
Lp 2
BUENAVISTA DE ABAJO
[8.1]
Cl. Europa
Antiguo Aeropuerto
Lp-3
[8]
Hospital General de La Palma
Cl. de la Grama
Cm. Real
Cl. Orión
Cl. Lyra
Cl. Aquarius
Cl. la Paz
[7]
Cl. La Habana
Cl. Cassiopea
[6]
Cm. del Roble
Cl. Leoncio Afonso Pérez
Lp-2
San Pedro de Breña Alta
Lp-3
Cl. de la Grama
(c) mapz.com - Map Data: OpenStreetMap ODbL

7 Santuario de Nuestra Señora de Las Nieves

Im Mittelpunkt der berühmten Wallfahrtsstätte steht die **Ermita Nuestra Señora de Las Nieves [1]**, die die Schutzheilige der Insel beherbergt. Im Jahr 1507 erfolgte der Bau eines einfachen Tempels, der1525 vergrößert und durch die heutige Kirche im Jahr 1646 modifiziert wurde.
Die Heiligenstatue der Nuestra Señora de Las Nieves, die Schneejungfrau, ist eine mehrfarbige, 82 cm hohe Terracottaskulptur im Stil der Spätromanik aus dem 14. Jahrhundert. Sie ist in wertvollen Stoffen gehüllt, mit zahlreichen Schmuckstücken aus dem 16. Jahrhundert verziert und thront auf einem Barockaltar aus Silber. Der Legende nach verhalf die Madonna Schiffbrüchige vor dem Ertrinken zu retten, Epidemien zu besiegen und Vulkanausbrüche zum Stillstand zu bringen.
Alle 5 Jahre findet zu Ehren der Schneejungfrau die Bajada de la Virgen de las Nieves statt. In einer Prozession wird die Heiligenstatue von der Kirche zum Kolumbusschiff nach Santa Cruz herabgetragen, wo die Festlichkeiten, die einen Monat andauern, stattfinden. ⓘDa aufgrund von Covid-19 die Feierlichkeiten abesagt wurden, ist es fraglich, ob bereits in 2021 das Fest stattfinden wird. Mehr Informationen zu den Feierlichkeiten erhalten Sie im neuen Museum Centro de Interpretación de la Bajada in der Hauptstadt Santa Cruz.
🕓Tägl. 8-20 Uhr, 💰frei, ⌂ Carretera Las Nieves, 17- 38700 Santa Cruz. ⓘ Zu erreichen ab Las Palmas vom Kolumbusschiff mit dem Museo Naval über die LP- 101 in 4,3 km, oder über die LP- 3 > San Pedro >LP- 202- im Kreisverkehr > LP- 101 Richtung Las Nieves in 7,5 km.
Gegenüber der Ermita befindet sich das Pilgerhaus **Casa Romeros [2]** aus dem 17. Jahrhundert, indem damals angereiste Pilger logierten. Inzwischen beherbergt es einen Souvenirshop mit Devotionalien.

8 Museo Camarín Virgen de las Nieves

Das Museum **Museo Camarín Virgen de Las Nieves [3]** für sakrale Kunst liegt im hinteren Teil der Ermita und ist von Außen über den kleinen Platz mit dem Brunnen begehbar. Der Eingang befindet sich unter dem Holzbalkon.
Neben Votivsammlungen und Gemälden, ist die Kollektion der ältesten und repräsentativsten Kostüme der Schneejungfrau mit dazugehörigen Schmuckstücken aus dem 16.- 20. Jahrhundert, das Highlight der Ausstellung.
🕓Tägl. 9-14 Uhr, 💰€ 2,00, ⓘSollte die Tür geschlossen sein, erhalten Sie die Tickets im gegenüberliegenden Casa Romeros.

TUNEL DE LA CUMBRE

Die LP- 3 verbindet durch den 2,6 km langen Tunnel- Túnel de La Cumbre, der auch Gipfelstraße genannt wird, die Ost- mit der Westseite der Insel.

9 BRENA ALTA- BRENA BAJA

Die Gemeinden Breña Alta und Breña Baja liegen auf einer Meereshöhe zwischen jeweils 295 und 350 m am Hang oberhalb der Ostküste der Insel. Sie zählen insgesamt 12.500 Einwohner und sind landwirtschaftlich geprägt. Breña bedeutet "trockenes mit Dornenbüschen bewachsenes Land", Alta heißt übersetzt- oben, und Baja- unten. Breña Alta liegt oberhalb der Hauptstadt Santa Cruz de La Palma, Breña Baja schließt sich unter Breña Alta an.
Um ein wenig Abstand vom quirligen Leben in der Hauptstadt zu nehmen, wohnt ein Großteil der betuchten Einheimischen in schicken, kanarischen Villen mit pittoresken Gartenanlagen, die das Stadtbild beider Orte prägen. Sie pendeln täglich zu ihren Arbeitsplätzen in Santa Cruz.

Geschichte Hotels+ Flughafen: Am Ende des 19. Jahrhunderts wurden die ersten kleinen Hotels auf der Insel eröffnet, die überwiegend von Engländern besucht wurden. Erst im Jahr 1980 entstand die erste Bettenburg, das jetzige Sol La Palma der Melía- Kette, in Puerto Naos mit 200 Zimmern. Nach Modifizierungen und Erweiterungen stehen inzwischen 307 Zimmer und 163 Appartements zur Verfügung. Andere spanische Ketten wie Princess La Palma mit 625 Zimmern und H10 Taburiente Playa mit 293 Zimmern und einem neu renovierten Appartementkomplex, haben ihre Bettenkapazitäten ebenfalls aufgestockt. Im Jahr 1955 wurde der erste Flughafen namens "Buenavista" in Breña Alta gebaut. Auf einer Höhe von 350 m und einer Start- und Landebahn von nur 1 km wurde er ausschließlich für Flüge zwischen den Inseln genutzt. Die Nähe der Vulkanberge brachte wechselnde Winde, wasserbeladene Nebelbänke und extremen Niederschlag mit sich, was zu häufigen Flugausfällen führte. Um diesen Misstand zu beheben, wurde der jetzige Flughafen am 15.04.1970 eröffnet und der alte stillgelegt. Um den nationalen und internationalen Tourismus zu fördern, wurde der Flughafen 1985 erweitert, sodass auch große Chartermaschinen landen konnten, um den inzwischen organisierten Tourismus auszubauen.

9.1 Monasterio El Císter

Im Ortsteil Breña Alta liegt das Zisterzienserkloster **Monasterio El Císter [4]**. Hinter den Mauern führen acht streng gläubige Nonnen, die täglich siebenmal beten, ein bescheidenes Leben. Der gesamte Komplex ist für Touristen nicht zugänglich, jedoch bieten die Nonnen hausgemachte Produkte zum Verkauf an. Und so funktioniert das: Direkt hinter den in der Front geöffneten Eingangstüren befindet sich auf der rechten Seite eine 2. Tür mit der Überschrift "Dulces Artesanos" = hausgemachte Süßigkeiten. Links auf der Wand, neben dem goldenen Türknopf, ist eine Klingel mit der Aufschrift "Llamar para entrar" angebracht. Hier drücken Sie die Klingel und nach kurzer Zeit erscheint eine Nonne, die Sie in den

kleinen Verkaufsraum führt. Zur Auswahl stehen Marmeladen, Gebäck, Kekse und Liköre.
Tägl. 9.30-14, 15-18 und 19- 20 Uhr ⌂ ausgeschildert LP- 101, Camino la Corsillada, 48- 38710 Breña Alta

9.2 Maroparque

Der außergewöhnliche im Steilhang angelegte Tierpark **Maroparque [5]** führt auf einer Fläche von 7000 qm über Stege an exotischen Tieren vorbei. Das Highlight sind die begehbaren Volieren, in denen die exotischen Tiere aus aller Welt zum Greifen nahe sind. Aufgrund der üppigen Vegetation hat man das Gefühl durch das Dschungelcamp von RTL zu spazieren.
Mo- Fr 11- 17, Sa+ So 11- 18 Uhr, Erwachsene 8,90 €, Kinder ab 12 J. 4,50 €, Futterboxen, um die Tiere zu füttern: jeweils 2,00 € für Affen oder Vögel, ⌂ ausgeschildert- Calle La Cuesta, 28 in Breña Alta Wichtig zu wissen: Alle Tiere stammen aus illegalem Tierhandel und hätten ohne den Tierpark eingeschläfert werden müssen. Das Eintrittsgeld wird ausschließlich für die Fütterung und Pflege der Tiere verwendet.

9.3 Museo del Puro Palmero y Museo de La Fiesta de Las Cruces- Tabakmuseum und Kreuzfestmuseum

In der Gemeinde Breña Alta begann der Tabakanbau im 19. Jahrhundert mit der Rückkehr der nach Kuba emigrierten Einwohner. Das im Jahr 2011 eröffnete Tabakmuseum **Museo del Puro Palmero [6]** befindet sich in einem restaurierten Gutshof. Hier dreht sich im wahrsten Sinne des Wortes alles um die palmerische Zigarre: Von der Entdeckung des Tabaks, dem Zauber des Rauchs und seiner nützlichen Wirkung, der Ausbreitung von der Alten in die Neue Welt, dem Ernteprozess und schließlich der handwerklichen Kunst des Zigarrendrehens.
Schautafeln, Originalinstrumente und Filmvorstellungen führen durch die Räumlichkeiten. An der Kasse erhalten Sie einen Museumsguide mit deutschen Übersetzungen zu den Schautafeln.
Besonders interessant: Im hinteren Teil des Museums werden auf der linken Seite im Außenbereich Tabakpflanzen angebaut. Die Tabakblätter werden über Holzstäben zum Trocknen aufgehängt. Beobachten Sie wie schnell eine Tabakrollerin direkt vor Ihren Augen aus Einzelteilen eine rauchfertige Zigarre herstellt. Im anschließenden Souvenirshop können Sie neben handgefertigten Arbeiten, Likören, Mojo Soßen und einer Auswahl an Zigarren, auch die handgedrehten Zigarren des Museums erwerben.
Hinter dem Ausgang des Shops befindet sich in einem separaten Gebäude das **Museo de la Fiesta de las Cruces [6]**, das Museum zum Fest der Kreuze. Die Ausstellung widmet sich dem wichtigsten Fest der Gemeinde, das seit über 100 Jahren zelebriert wird. Hierzu werden Kreuze minuziös

mit Blumen und Schmuck verziert, die nach den Prozessionen in den Räumlichkeiten ausgestellt werden.
Di- Sa 10-13 Uhr, 3,00 €, ⌂ Parque de los Álamos LP- 202

9.4 Puros Artesanos- Handgefertigte Zigarren

Mit zu den letzten Kanarischen Tabakproduzenten gehören **Puros Richard [7]** und **Puros Julio [7]**, die unweit des Tabakmuseums fast direkt hintereinander liegen. In beiden Tabakläden können Sie hautnah die manuelle Entstehung von Zigarren verfolgen, die in den Verkaufsräumen erworben werden können.
Das Familienunternehmen Puros Richard war einer der ersten Tabakhersteller der Insel und wurde im Jahr 1974 gegründet. Seitdem hat sich die Familie für die Herstellung von qualitativ hochwertigem Tabak, der ausschließlich von der Insel stammt, einen Namen gemacht. Die Einheimischen bezeichnen die Marke schlicht als Tabaco Breña.
Mo-Fr 8-13, 15-18 Uhr, ⌂ Calle Cabaiguán, 6- 38710 Breña Alta
Auch im Familienbetrieb Puros Julio arbeiten die Tabakdreher- die Pureros, an alten Drehbänken, jedoch ist das Ambiente moderner und kommerzieller. Historische Utensilien und Geräte, sowie Säcke mit Tabakblättern aus La Palma und Übersee befinden sich im Verkaufsraum, der durch eine Monitor- Filmvorführung über den Tabakanbau in Breña Alta komplettiert wird.
Mo- Fr 8-13, 15-18 Uhr, ⌂ Calle Cabaiguán, 14 38710 Breña Alta
Das beste Preis- Leistungsverhältnis bietet Puros Richard.

9.5 Mirador de La Concepción

Der fantastische Aussichtspunkt **Mirador de la Concepción [8]**, liegt oberhalb der Hauptstadt Santa Cruz. Vorbei an der Kirche Nuestra Señora de La Concepcíon [8.1] aus dem 16. Jahrhundert führt die Straße zum Mirador, auf dem in der Mitte des Platzes ein Kreuz aufgestellt wurde. Genießen Sie den Blick über das Breñas- Tal, auf die Hauptstadt, den höchsten Berg Teneriffas, den Teide, und die gesamte Ostküste.
⌂Über die LP-3, von San Pedro aus, führt die LP- 202 in einen Kreisverkehr, der das Straßenschild La Concepción ausweist.

Notizen...✐...

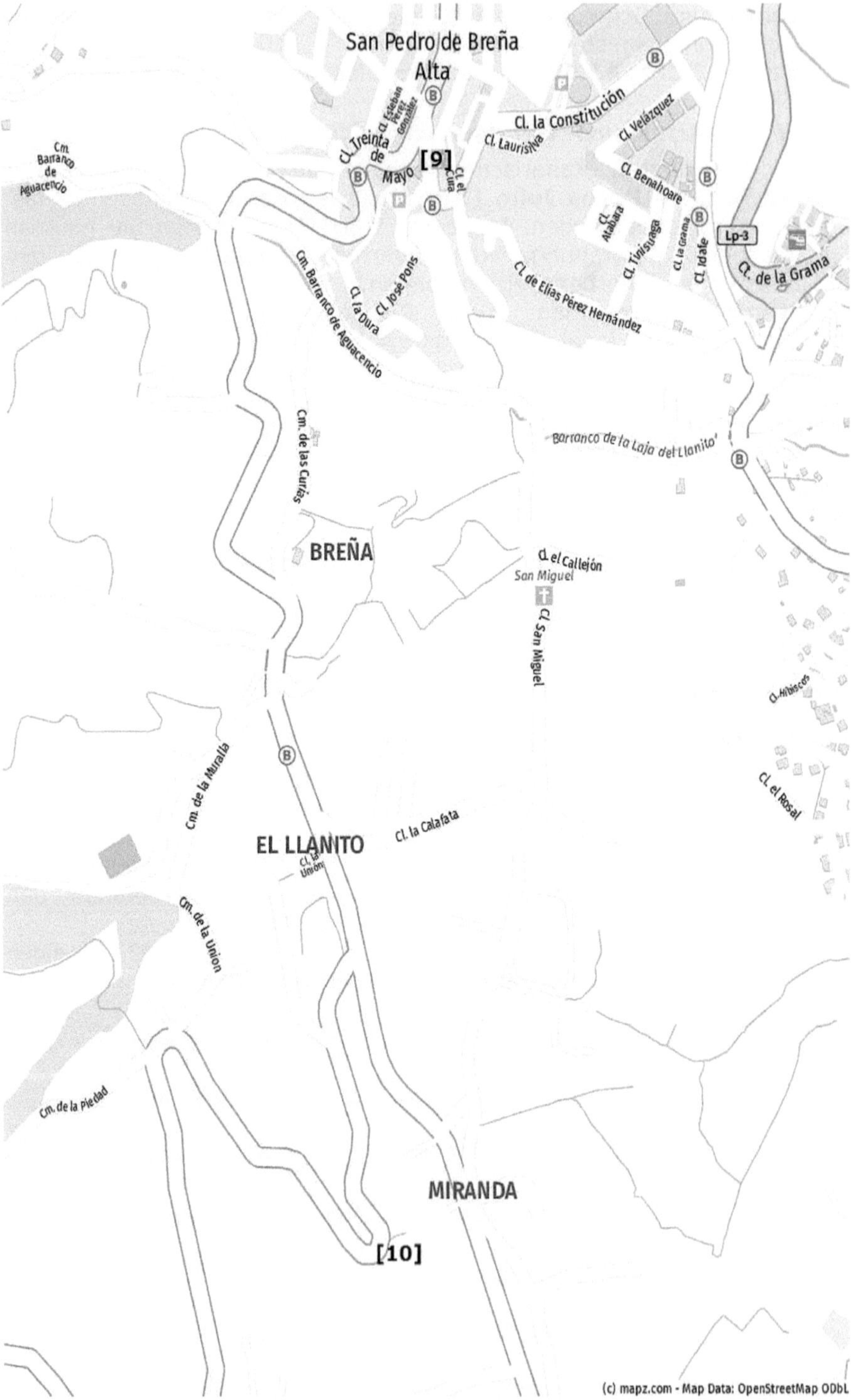
San Pedro de Breña Alta
Cl. la Constitución
Cl. Velázquez
Cl. Laurisilva
Cl. Treinta de Mayo
Cl. Esteban Pérez González
[9]
Cl. el Cura
Cl. Benahoare
Cl. Atabara
Cl. Tinisuaga
Cl. la Grama
Cl. Idafe
Lp-3
Ct. de la Grama
Cm. Barranco de Aguacencio
Cm. Barranco de Aguacencio
Cl. la Dura
Cl. José Pons
Cl. de Elías Pérez Hernández
Barranco de la Laja del Llanito
Cm. de las Curias
BREÑA
Cl. el Callejón
San Miguel
Cl. San Miguel
Cl. Hibiscos
Cl. el Rosal
Cm. de la Muralla
Cl. la Calafata
EL LLANITO
Cl. la Unión
Cm. de la Union
Cm. de la Piedad
MIRANDA
[10]

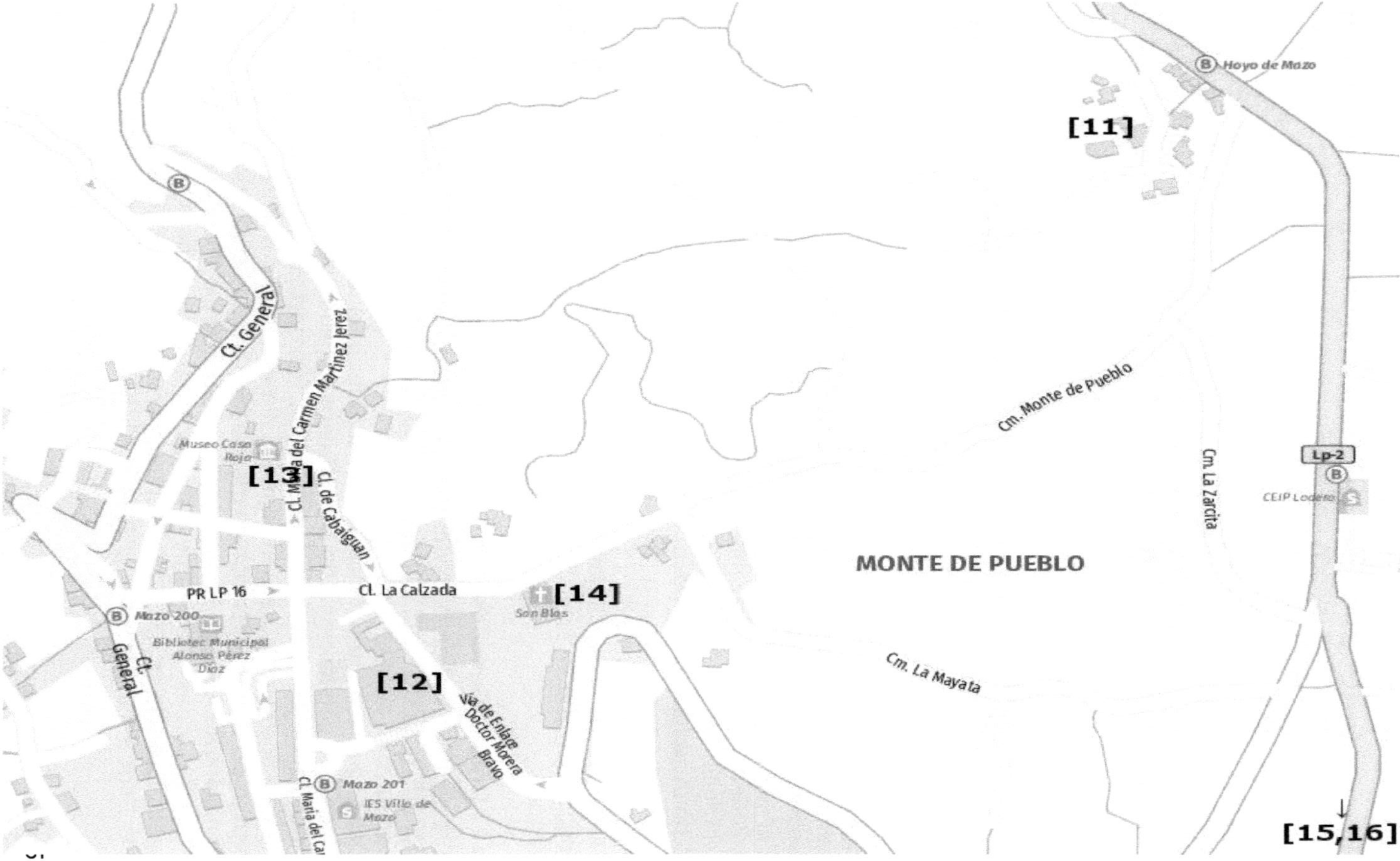
Hoyo de Mazo
[11]
Lp-2
CEIP Lodero
Cm. La Zarcita
Cm. Monte de Pueblo
MONTE DE PUEBLO
Cm. La Mayata
[15,16]
Ct. General
Cl. María del Carmen Martínez Jerez
Museo Casa Roja
[13]
Cl. de Cabaiguan
PR LP 16
Cl. La Calzada
[14]
San Blas
Mazo 200
Bibliotec Municipal Alonso Pérez Díaz
Ct. General
[12]
Vía de Enlace Doctor Morera Bravo
Mazo 201
IES Villa de Mazo
Cl. María del Ca

9.6 Iglesia San Pedro Apostol

Anfang des 16. Jahrhunderts wurde die Wallfahrtskirche **San Pedro Apostol [9]**, dem Heiligen Apostel Petrus geweiht. Nachdem in der Mitte des gleichen Jahrhunderts 2 Kreuze in Lorbeerbäumen vor der Kirche entdeckt wurden, beschloss der Bischof der Gemeinde den Anbau einer Kapelle, um die heiligen Kreuze- die Santas Cruces, entsprechend würdig zu verehren. Nach mehrfachen Modifikationen sind die prächtige Mudejar-Holzdecke und der barocke, vergoldete Hauptaltar sehenswert. Die Statue des Heiligen Petrus stammt aus dem Jahr 1709, die seitlichen Kapellen wurden im Jahr 1822 im klassizistischen Stil gestaltet. Der Legende nach wurden die Ureinwohner, die Benahoaritas, in dem grün glasierten Taufbecken nach der Inseleroberung getauft und zum Christentum bekehrt.

⌚Mo- Fr 10.30-19, Sa 10.30-20, So 10.30-13 Uhr, ⌂ Callejón del Cura, Breña Alta

10 BRENA BAJA- LOS CANCAJOS

An der Küste von Breña Baja liegt der große Ferienort Los Cancajos, an dem der internationale Flughafen fast angrenzt. Bedingt durch Start und Landungen liegt zu Stoßzeiten extremer Fluglärm vor.

Neben dem Ferienort Puerto Naos auf der Westseite der Insel, ist Los Cancajos der zweitgrößte Urlaubsort.

Los Cancajos, übersetzt mit "die Krebse", war bis zum Jahr 1970 noch ein winziges Fischerdorf mit einer kleinen Saline zur Salzgewinnung. Der schöne schwarze Sandstrand, die **Playa de Los Canjacos** wurde künstlich angelegt, um den Urlaubern der Ferienanlagen auch einen schönen Strandbesuch zu ermöglichen.

Die Playa de Los Canjos besteht aus 2 schwarzen Sandbuchten, die insgesamt 300 m lang sind, und von großen Wellenbrechern geschützt werden.

11 Dragos Gemelos- Die Zwillings- Drachenbäume von San Isidro

Die sagenumwobenen **Zwillings- Drachenbäume [10]** mit einer Höhe von 15 m und einem imposanten Stamm, zählen zu den bedeutendsten Exemplaren der Kanaren.

Der Sage nach töteten sich Zwillingsbrüder in einem Kampf um die Liebe einer Frau gegenseitig. Um den Brüdern zu gedenken, beschloss die Angebetete zwei Drachenbäume an den Todesort zu pflanzen. Da es damals noch keine Drachenbäume in dieser Gegend wuchsen, begab sie sich in den heutigen Nationalpark und fand in der Schlucht der Todesängste Ableger. Täglich goss sie liebevoll die Triebe der kleinen Pflanzen, sodass die Bäume in der Erde mit dem getränkten Zwillingsblut prächtig wuchsen. Die Baumstämme verschlungen sich ineinander und der Sage nach, fließt das geschwisterliche Blut immer noch in den

Drachenbäumen ⌂ LP- 301 von Breña Baja, Richtung San Isidro, in der Rechtskurve nach dem grünen zweistöckigen Haus mit der Nr. 31, Trepp abwärts- Richtung Meer.

12 VILLA DE MAZO

Die Landstraße LP- 2 führt von Breña Baja zur Gemeinde Villa de Mazo, die 4.800 Einwohner zählt.

12.1 Ceramica El Molino

Im oberen Teil der schönen Gartenanlage der Keramikwerkstatt **Ceramica El Molino [11]** liegt eine alte Gofiomühle aus dem 19. Jahrhundert, dessen Windrad bereits von Weiten zu sehen ist. In diesem Gebäude werden Reproduktionen nach Fundstücken altkanarischer Keramikarbeiten der Ureinwohner in professioneller und präziser Arbeit gefertigt. Der Ton stammt aus Puntagorda und wird ohne Drehscheibe zu Gefäßen getöpfert. Die über 170 verschiedenen Muster werden eingeritzt oder eingekerbt. Nach dem Brennen im holzgefeuerten Ofen bei fast 700 Grad ist die Keramik schwarz und glatt. In den Regalen werden fertige Tonarbeiten ausgestellt, unter denen Zahlen- Buchstaben-Kombination stehen. Diese verweisen auf die unterschiedlichen Entstehungsphasen der Stücke, zu denen Sie mehr im Archäologiemuseum Benahoarita in Los Llanos de Aridane erfahren können.
Die Ausstellung mit Gebrauchsgegenständen im linken Teil des Gebäudes widmet sich dem Alltagsleben und der Arbeit eines Müllers aus der damaligen Zeit. In einer Filmvorführung erhalten Sie zusätzliches Wissen über die Ureinwohner der Insel und die Herstellung der altkanarischen Tongefäße. Eine schmale Treppe neben dem Brotbackofen, dem horno de pan, führt in das Herzstück der Mühlenkonstruktion. Bei dieser Mühle handelt es sich um eine Molina, die im Gegensatz zu einer Molino, dem Müller die Arbeit erleichterte, da das Getreide nicht mehr treppauf getragen werden musste.
ⓘ Die handgefertigten Keramikgefäße können im Souvenirshop, der sich unterhalb der Mühle befindet, gekauft werden.
🕓Mo- Sa 9-13, 15-19 Uhr, 💰frei, ⌂ LP- 2 zwischen Mazo und Fuencaliente, Camino Monte del Pueblo, 25- Mazo

12.2 Escuela de Artesania- Kunsthandwerksschule

Die Schule **Escuela de Artesania [12]** für Handwerksarbeiten wurde im Jahr 1968 gegründet und ermöglichte den Mädchen und jungen Frauen aus dem Dorf einen Beruf zu erlernen. Mit der zunehmenden Industrialisierung verloren die handgefertigten Arbeiten an Bedeutung, sodass diese Schule momentan nicht mehr aktiv betrieben wird. Wenn die Türen des Gebäudes geöffnet sind, können Sie die alten Räumlichkeiten und verbliebenen Ausstellungsstücke besichtigen. Leider ist die gesamte

Lehrerschaft, bis auf die inzwischen 86- jährige Gründerin Myriam Cabrera Medina verstorben. ⓘÜbrigens: Der Sohn der Gründerin, Señor Pedro Calderon, hält viele Hintergrundinformationen, jedoch nur auf Spanisch, für den Besucher parat. ⌂ Links neben der Touristeninformation von Villa de Mazo, Calle Dr. Morera Bravo, 1.

12.3 Museo Casa Roja- Museo del Bordado y del Corpus Christi- Fronleichnamsmuseum und Stickereimuseum

Das im Ort ausgeschilderte **Casa Roja [13]**, das rote Haus, beherbergt zwei Museen in einem: Im Erdgeschoss befindet sich das Fronleichnamsmuseum, im Obergeschoss das Stickereimuseum.
Das imposante Bürgerhaus stammt aus dem 20. Jahrhundert. Der Bau wurde von dem venezuelischen Kaufmann Leopoldo Pérez Diaz im Jahr 1911 in Auftrag gegeben, in den 1970- Jahren kaufte der Deutsche Jürgen Fischer das Gebäude und baute es in ein Hotel um. Nach mehrfachem Besitzerwechsel erwarb die Gemeinde das Anwesen und restaurierte es in einer 2- jährigen Bauphase originalgetreu.
Im Erdgeschoss werden große, aus Moos und Blütenblättern aufwendig angefertigte Wandbilder und Handarbeiten präsentiert. Sie stammen aus den jährlichen Festen zu Fronleichnam.
Eine imposante Holztreppe führt ins Obergeschoss. In den nebeneinander liegenden Zimmern, dessen Mittelpunkt ein überdachter Patio bildet, werden aufwendige Stickereien ausgestellt.
🕒Mo-Fr 10-14 Uhr, 💰2,00 €, ⌂ Calle Maximiliano Pérez Diaz, Villa de Mazo
ⓘIm Erdgeschoß können Sie zertifizierte Handwerksarbeiten kaufen. Übrigens: Auch wenn man auf dem ersten Blick der Meinung wäre, dass die Ausstellung nicht sehenswert sei, müsste die Architektur des originalgetreuen, restaurierten Gebäudes Sie in seinen Bann ziehen. Da das Museum auch als Hotel diente, ist die angelegte Schiffsbar hinter dem Gebäude sehenswert. Wie in vielen anderen Museen der Insel, trägt das Eintrittsgeld zur Erhaltung bei.

12.4 Templo Parroquial de San Blas

Im unteren Teil von Villa de Mazo befindet sich die Pfarrkirche **San Blas [14]**, die im 15. Jahrhundert erbaut wurde und zu den ältesten Kirchen der Insel zählt. Im Laufe der Jahrhunderte wurde sie mehrfach modifiziert. Im Inneren ist der prunkvolle Hauptaltar im Barockstil, flämische Bilder aus dem 16. Jahrhundert, die Holzdecken im Mudéjar-Stil und die Skulptur des Schutzpatrons der Gemeinde, San Blas- Sankt Blasius, sehenswert.
🕒unregelmäßig, ⌂ General Mola, 6- Villa de Mazo

13 Parque Arqueológico Cueva del Belmaco- Archäologischer Höhlen- Park Belmaco

Die Höhle **Cueva del Belmaco [15]** war die erste offizielle Fundstelle von Gravuren und Steinmetzarbeiten der Ureinwohner Las Palmas. Bereits Aufzeichnungen aus dem Jahr 1752 bezeugen die frühzeitige archäologische Relevanz dieser Fundstelle, jedoch sind die Wissenschaftler bis heute noch nicht in der Lage die Geometrie der Zeichen zu deuten. Vom Parkplatz gehen Sie bergab zum Bezahlhäuschen. Von hier führt der Weg zu einem restaurierten Museum-Haus, indem die Geschichte der Ureinwohner, den Benahoaritas, dokumentiert wird. Sie waren bereits lange vor der Eroberung durch die spanische Krone kulturell mit der Insel verankert.

Der anschließende Weg leitet Sie zu einer Unterführung, die mit einer musikalischen Untermalung an einem Zeitstrahl der Historie der Insel entlangführt.

Kurz danach treffen Sie auf das Highlight der Anlage: Im Mittelpunkt steht die Höhle der Ureinwohner, vor der, bei genauer Betrachtung, auf den Felsen, **Petroglyphen[16]** zu sehen sind. Der aufsteigende Lehrpfad mit vielen Schautafeln führt über wunderschöne Aussichtspunkte zu vereinzelten Wohnhöhen der Benahoaritas. Momentan ist der linke Abzweig, der um das Vulkanmassiv führt, gesperrt. ⌚ Mo- Sa 10-15 Uhr, 2,00 €, ⌂ Ausgeschildert: LP- 2, Mazo- Fuencaliente, Km- 13

Notizen…✎…

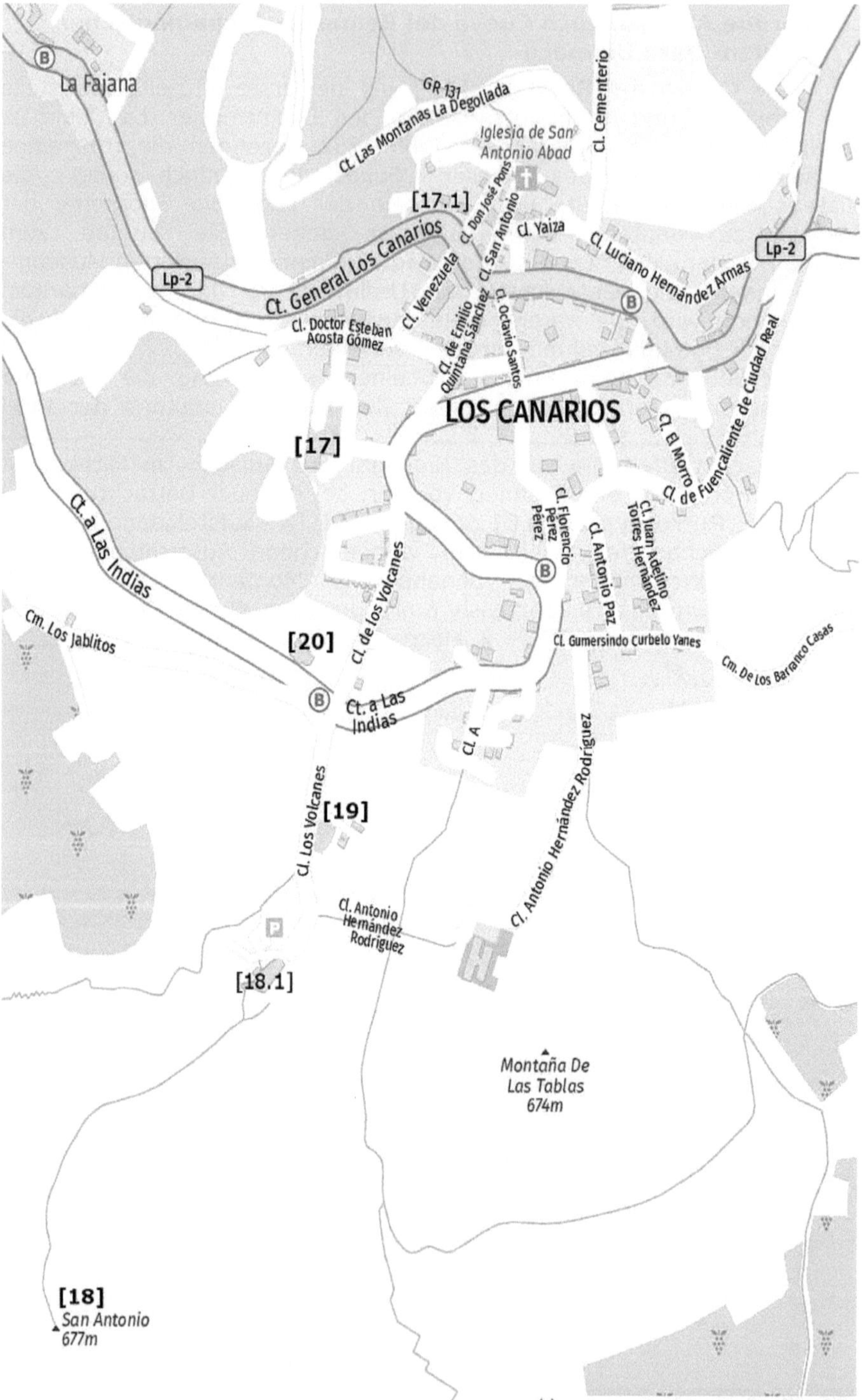

La Fajana
GR 131
Ct. Las Montanas La Degollada
Iglesia de San Antonio Abad
Cl. Cementerio
[17.1]
Cl. Don José Pons
Cl. San Antonio
Cl. Yaiza
Cl. Luciano Hernández Armas
Lp-2
Lp-2
Ct. General Los Canarios
Cl. Venezuela
Cl. de Emilio Quintana Sánchez
Cl. Octavio Santos
Cl. Doctor Esteban Acosta Gómez
Cl. de Fuencaliente de Ciudad Real
LOS CANARIOS
Cl. El Morro
[17]
Ct. a Las Indias
Cl. Florencio Pérez Pérez
Cl. Antonio Paz
Cl. Juan Adelino Torres Hernández
Cl. de los Volcanes
Cm. Los Jablitos
[20]
Cl. Gumersindo Curbelo Yanes
Cm. De Los Barranco Casas
Ct. a Las Indias
Cl. A
Cl. Antonio Hernández Rodríguez
Cl. Los Volcanes
[19]
Cl. Antonio Hernández Rodríguez
[18.1]
Montaña De Las Tablas 674m
[18]
San Antonio 677m
(c) mapz.com - Map Data: OpenStreetMap ODbL

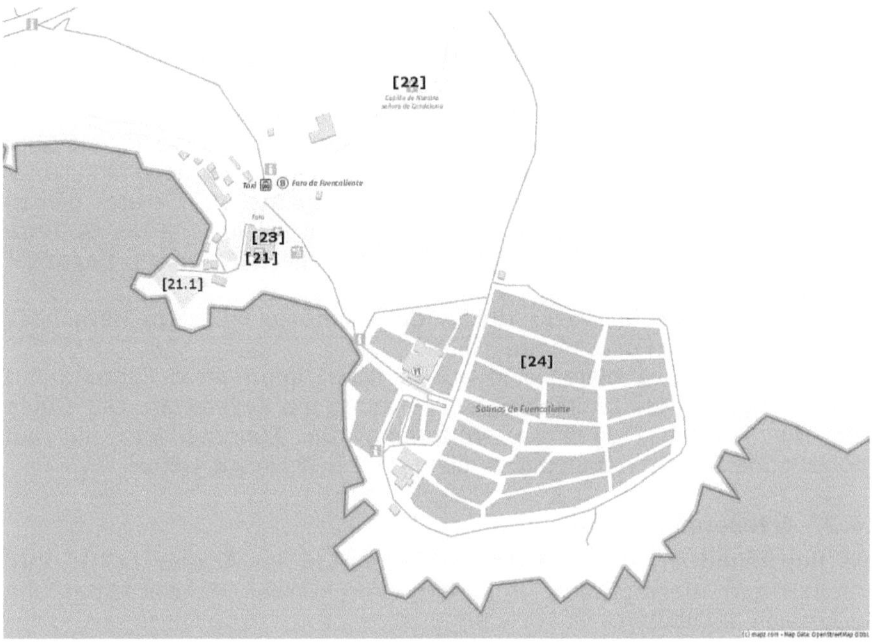

14 FUENCALIENTE- LOS-CANARIOS

Mit 1700 Einwohnern ist Fuencaliente die südlichste Gemeinde von La Palma. Aufgrund der fruchtbaren Vulkanböden zählt sie zu den wichtigsten Weinanbaugebieten der Insel. Unterhalb der Vulkanberge ist der Bananenanbau eine weitere Einnahmequelle der Gemeinde.
Der Name leitet sich von "Fuente"- Quelle und "caliente"- heiß ab, und bezieht sich auf die Heilwasserquelle Fuente Santa, die sich am unteren Steilhang der Südküste befand. Zu Zeiten der Eroberung floss aus dieser Quelle 42- Grad heißes Thermalwasser. Im Jahr 1677 wurde die Quelle durch den Ausbruch des Vulkans San Antonio von den enormen Lavamassen überschüttet und blieb über 300 Jahre unentdeckt. Da die heilige Quelle versiegt war, wurde der Ort in Los Canarios umbenannt. Beide Ortsnamen sind heute gebräuchlich. Geologen legten die Heilquelle im Jahr 2005 frei, jedoch ist sie immer noch nicht für die Öffentlichkeit zugänglich.

14.1 Bodegas Teneguia

Der Weinanbau in Fuencaliente nimmt eine Sonderstellung in der Landwirtschaft ein und prägt das Erscheinungsbild der Region. Seit über 60 Jahren stellt die Weinkellerei qualitativ hochwertige Weine her und gehört zu den am häufigsten prämierten Weingütern der Kanarischen Inseln. Sie ist im Besitz der Genossenschaft Llanovid, an der mehr als

300 Familien aus fast allen Inselgemeinden angeschlossen sind. Um die damalige Produktion der einzelnen kleinen Weingüter, die nur über geringe finanzielle Mittel verfügten zu steigern, wurde der Bau der Kellerei im Jahr 1944 durch den örtlichen Bürgermeister gefördert. Sie war über 50 Jahre die größte der Kanaren und verfügte seinerzeit über die modernsten Produktionsmaschinen, von denen immer noch ein kleiner Teil in Gebrauch ist. Die nicht mehr zeitgemäßen Geräte dienen inzwischen als Ausstellungsstücke. Zu jener Zeit produzierte die **Bodega Teneguia [17]** bis zu 750.000 Liter, heutzutage hat sich die Kapazität verdoppelt.
⌚Mo-Fr 9-18, Sa+ So 10-13 Uhr, ⌂ Calle Antonio Francisco Hernández Santos, 10- 38740 Fuencaliente
ⓘBodegas Teneguia bietet eine ausführliche, informative Führung mit Außenrundgang über Weinfelder, sowie durch die Kellerei an. Der Guide steht für jegliche Fragen zur Verfügung. Die Führung wird nur auf Englisch und Spanisch angeboten. ⌚Mo- Fr 12.30 Uhr, 💰4,00 €.

14.2 Artesania Artesol

Die Kunsthandwerker von Fuencaliente stellen im Artesol [17.1] ihre Arbeiten zum Verkauf aus. In erster Linie werden Häkelarbeiten und Stickereien angeboten.
⌚Mo-Sa 10-19.30 Uhr, ⌂ Caretera General,104- Los Canarios

14.3 Vulcán San Antonio

Der 632 m hohe **Vulkan San Antonio [18]** ist über 3000 Jahre alt und brach nach Zeitzeugenaussagen zwischen November 1677 und Januar 1678 aus. Der Ausbruch hielt 66 Tage an. Ursprünglich wurde er nach der Ortschaft benannt und hieß Volcán Fuencaliente, da jedoch der Ausbruch am Tag des Heiligen Antonius (San Antonio) begann, wurde er in Volcán San Antonio umbenannt.
Dieser Vulkan ist der vorletzte, der im Süden der Insel entstand. Bei der damaligen Eruption wurden tonnenweise heiße Asche und glühende Lava auf die darunterliegenden Weideflächen ausgeschüttet, sodass zunächst eine landwirtschaftliche Nutzung unmöglich war. Erst Jahre später entdeckte man, dass diese Art von Vulkanböden, die aus kleinen Picon-Steinen bestehen, sich ausgezeichnet für den Weinanbau eignen. Da der praktizierte Weinanbau auf der Insel Lanzarote bereits erfolgreich war, verfuhr man nun auf La Palma identisch: die porösen Picon-Lavasteinchen geben während der Nacht die Feuchtigkeit des Taus an die Wurzeln der Weinstöcke ab.

14.4 Volcán Teneguia

Direkt unterhalb des Vulkanes San Antonio liegt der Teneguia Vulkan, der im Jahr 1971 ausbrach, und der jüngste Vulkan der Insel ist. Am 20.

Oktober 1971 nahm die Intensität der Erdbeben zu, sodass seitens der Regierung Katastrophenschutzmaßen ergriffen wurden, um die Bewohner von Fuencaliente zu schützen. Der Ausbruch begann am 26. Oktober und dauerte nur 24 Tage an. Im Vergleich zur Vulkaninsel Lanzarote bebte die Region im 18. Jahrhundert rund um den Timanfaya- Vulkan über 6 Jahre. Der Teneguia- Vulkanausbruch hinterließ massive Schäden an den Weinbergen, machte einen Strand zu Nichte, jedoch bildete sich der 275 m lange Strand Playa de Echentive.

14.5 Centro de Interpretacíon Volcán San Antonio

Das Besucherzentrum Centro de Interpretacíon Volcán San Antonio [18.1] liegt unter dem Ort Los Canarios/ Fuencaliente.
Vom Bezahlhäuschen führt der Weg direkt ins Besucherzentrum mit Exponaten und Schautafeln auf Deutsch rund um die bedeutenden Vulkanausbrüche des San Antonio und des Teneguia.
Hinter dem Zentrum startet das eigentliche Highlight: ein schmaler Wanderweg entlang des Vulkankraterrandes des San Antonio. Zunächst sehen Sie kanarische Kiefern, die seit über 100 Jahren im Inneren des Kraters wachsen. Nach einer halben Stunde werden Sie am Endpunkt mit einer grandiosen Aussicht über die gesamte Südspitze und dem Vulkangebiet belohnt. Bei klarer Sicht erblicken Sie die Insel La Gomera.
Okt.- 20.Juni 8- 18 Uhr, Juli- Sept. 10-19 Uhr, 5,00 €, Kinder unter 12 J. frei, ausgeschildert LP- 209, Parkmöglichkeiten direkt vor und nach dem Tickethäuschen.

14.6 Bodega La Casa del Volcán

Auf der linken Seite vor dem Besucherzentrum San Antonio befindet sich die kleine Kellerei **Bodega La Casa del Volcán [19]** mit Restaurant. Direkt vor der Finca wird der Wein angebaut, den die Familie selbst herstellt und exklusiv vertreibt.
Di-Fr 13-16, 18-21.30 Uhr, Aktuell kostet die 0,5 l Flasche Weißwein zum Mitnehmen 7,00 €.

14.7 Bodegas Carballo

Auf der Höhe der Zufahrtsstraße zum Vulkan San Antonio liegt die kleine Weinkellerei **Bodegas Carballo [20]**, in welcher der Besitzer Sie durch die Räumlichkeiten führt. Einmalig ist der Lavatunnel unter die Bodega, der als Frischluftzufuhr dient. Die geernteten Trauben werden traditionell mit Füßen gestampft und in einer Weinpresse aus dem Jahr 1810 gepresst.
Mo-Sa 11-19 Uhr, Las Indias, 74- 38740 Los Canarios
Zu einem Preis von 2,00 € können Sie alle Weine probieren. Bei Kauf einer Flasche entfällt der Probierpreis.

14.8 Faro de Fuencaliente

Die Landstraße LP- 207 führt von Los Canarios zum Leuchtturm, dem **Faro de Fuencaliente [21]**. Die Serpentinenstraße führt im unteren Bereich durch ein atemberaubendes Lavafeld mit endemischen Pflanzen. Die Landschaft entstand 1971 durch den Teneguia Vulkanausbruch.
Unterhalb der 3 Windräder befindet sich der ausgeschilderte Strand Playa de Las Cabras. Der schwarze Lavastrand ist mit Kieseln und größeren Steinen untersetzt. Hier sehen Sie wie die Kraft des Atlantiks ein Felsentor in die schwarze Basalt- Felsenküste riss.
Weiter geht es zu den Leuchttürmen mit den angrenzenden Salinen.
Die beiden Leuchttürme stammen aus unterschiedlichen Epochen. Der rechte gehört zu den bedeutendsten Bauten, die Ende des 19. Jahrhunderts auf der Insel errichtet wurden.
Das rechteckige Gebäude wurde im Jahr 1899 fertig gestellt und verfügte über 2 Wohnungen, indem zwei Leuchtturmwärter untergebracht waren. Der Turm besteht aus Basaltquadern und wurde mit einer 2,50 m großen, zylindrischen Laterne, sowie einem Reflektor von 1,00 m Durchmesser ausgestattet, der sich auf Steinziegeln drehte und von einem Uhrwerk angetrieben wurde. Erstmals wurde er am 03.10.1903 in Betrieb genommen. Dann musste aufgrund kleiner Erdbeben das Gebäude in den Jahren 1917 und 1939 renoviert werden.
Im Jahr 1940 wurde die Lichttechnik des Leuchtturmes erneuert, sodass die Leuchtturmwärter überflüssig waren und die Anlage nur noch von einem Techniker, der in Fuencaliente wohnte, gewartet wurde.
Mit dem Ausbruch des Teneguia- Vulkans wurde das Leuchtturmgebäude erneut geschädigt, jedoch nicht zerstört, da die Lavamassen, wie durch ein Wunder, kurz davor zum Stillstand kamen.
Als Dank wurde auf einem Podest, oberhalb des jetzigen Parkplatzes, eine kleine Kapelle errichtet, in der das **Abbild der Jungfrau von Candelaria [22]** aufbewahrt wird.

Der neue moderne, rot- weiß gestreifte Leuchtturm wurde im Jahr 1983 gebaut, ist 24,15 m hoch und verfügt über eine 1,75 m große Laterne mit einer Lichtinstallation aus Photovoltaikmodulen.
Rechts vom alten Leuchtturm befindet sich die Plaza Cruz de Piedra [21.1], der Platz des Steinkreuzes.
In Gedenken an die vierzig seligen Jesuiten- Märtyrer wurden hier im Jahr 1999 vierzig Betonkreuze im Atlantik versenkt.
Die Missionare starteten in einer Galone von Tazacorte aus, um in Brasilien die Ureinwohner zu christianisieren. In der Nähe von Fuencaliente wurden sie am 15. Juli 1570 von französischen Freibeutern überfallen. Pater Inácio de Azevedo hielt das Bild der Jungfrau Maria in seinen Händen und ermutigte die Missionare dazu, ihr Leben im Namen der Kirche für Jesus Christus zu opfern.

Im Oktober 2014 gedachte die Inselregierung von La Palma erneut der Märtyrer und errichtete das 4 m hohe Steinkreuz auf der Plattform.

14.9 Centro de Interpretación de la Reserva Marina

Das alte Leuchtturmwärterhaus beherbergt das Besucherzentrum **Centro de Interpretación de la Reserva Marina [23]** des Seeschutzgebietes der Insel La Palma, das sich mit der Verschmutzung des Meeres und der Überfischung kritisch auseinandersetzt. Im beeindruckend gestalteten Ausstellungsraum tauchen Sie in die Unterwasserwelt vor den Kanarischen Inseln ein. Sie schreiten über einen tiefblau beleuchteten Meeresgrund, der mit Unrat übersät ist. An den Wänden ist ein Lava Riff mit Meeresbewohnern zu sehen. Das Zentrum bildet ein Netz mit einem gefangenen Delfin, das von einem an der Decke dargestellten Fischerboot ausgeworfen wurde. Die Ausstellung wird durch einen Dokumentarfilm in spanischer Sprache komplettiert.
◷01.10.- 30.06. Di- Sa 9-17, 01.07.- 30.09. Mi- So 10-18 Uhr, € 2,00, ⌂LP- 2, von Fuencaliente auf die LP- 207 neben dem rot- weiß gestreiften Leuchtturm

14.10 Salinas de Fuencaliente

Die **Salinen von Fuencaliente [24]** zählen zu den letzten, aktiv betriebenen Salinen auf den Kanaren und umfassen eine Fläche von 35.000 qm. Sie wurden im Jahr 1967 gegründet und mussten aufgrund des Teneguia- Vulkanausbruchs im Jahr 1971, bei dem die Lavaströme erst kurz vor der Anlage zum Stillstand kamen, für längere Zeit geschlossen werden.
Das Familienunternehmen betreibt die Salinen in der dritten Generation und vermarktet das Salz unter dem Namen **Sal Marina Teneguia**. Jährlich werden ca. 600 Tonnen Salz produziert, das größtenteils auf La Palma, aber auch auf den Nachbarinseln verkauft wird. Hergestellt werden grob- und feinkörniges Meersalz, sowie das begehrte Flor de Sal, das frei von Riesel- oder anderen Zusatzstoffen ist.
Die Salzgewinnung erfolgt auf traditionelle Weise von Hand, indem Siebe, Schaufeln, Rechen und Schubkarren benutzt werden. Die Ernte findet zwischen Mai bis November statt, in der übrigen Zeit werden Instandhaltungsarbeiten durchgeführt. Der Untergrund der Becken besteht aus feinem Lehm, der Beckenrand aus Lavasteinen. Das benötigte Salzwasser wird aus dem Meer gepumpt und in die Becken geleitet.
Links neben dem rot- weiß gestreiften Leuchtturm beginnt der Weg zu den Salinen. Ein Rundgang führt in ca. 30 Minuten an 7 Stationen mit deutschen Infotafeln vorbei. Zur Anlage gehört ein Besucherzentrum, das Centro de Interpretación, mit dem Themenrestaurant El Jardín de la Sal, einem Souvenirshop und einer Kaffeebar in der oberen Etage, von der Sie

eine schöne Aussicht haben. Im Untergeschoss befindet sich ein Museum, das sich jedoch noch in Bau befindet.

🕒Tägl. 11- 19, Restaurant 12- 18Uhr, 💰frei, ⌂ LP- 207 Richtung Faro, Ctra. La Costa el Faro, 5- Fuencaliente

ⓘDas Teneguia- Salz können Sie im Souvenirshop direkt vor Ort kaufen. Tipp: Das beliebte Flor de Sal ist an der Kasse auf Nachfrage auch als 1 kg Paket für nur 15,10 € erhältlich (Preisstand: Sept.2020).

Zu den Neuheiten zählen veredelte Salze mit roter und grüner Mojo, Rotwein, Zitrone und Pfeffer.

Übrigens: Nach dem Teneguia- Vulkanausbruch kamen Wissenschaftler in das Gebiet, um Flora, Fauna und Geologie zu untersuchen, sodass die gewonnenen Erkenntnisse dazu führten, dass die Salinen im Jahr 1994 zum Gebiet wissenschaftlichen Interesses, zum Sitio de Intéres Cientifico, erklärt wurden. Die Gesamtfläche ist 7 Hektar groß und gehört zum Naturdenkmal Los Vulcanes de Teneguia.

Notizen…✎…

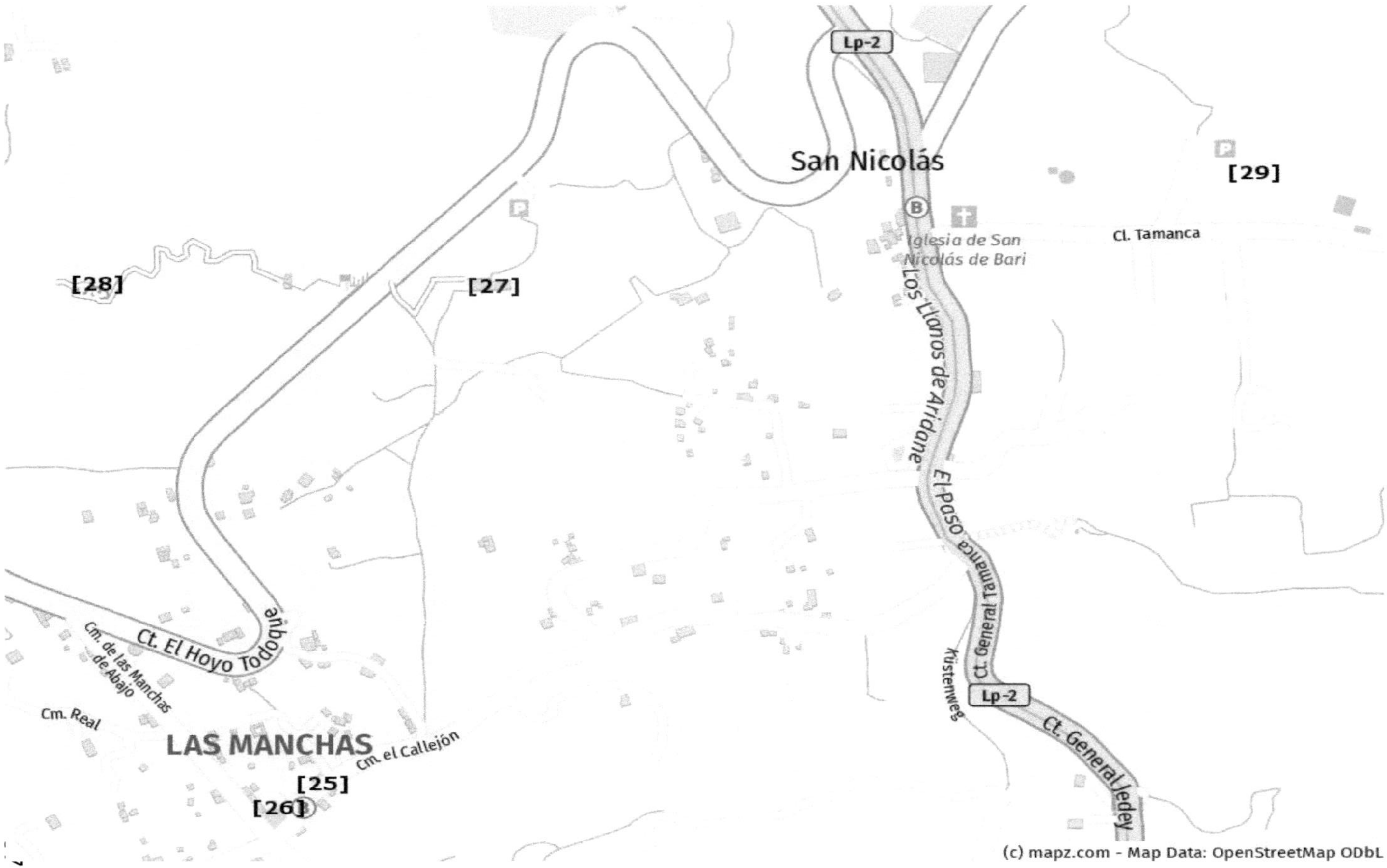
San Nicolás
Lp-2
[29]
Cl. Tamanca
Iglesia de San Nicolás de Bari
Los Llanos de Aridane
El Paso
Ct. General Tamanca
Küstenweg
Ct. General Jedey
[27]
[28]
Ct. El Hoyo Todoque
Cm. de las Manchas de Abajo
Cm. Real
LAS MANCHAS
Cm. el Callejón
[25]
[26]
(c) mapz.com - Map Data: OpenStreetMap ODbL

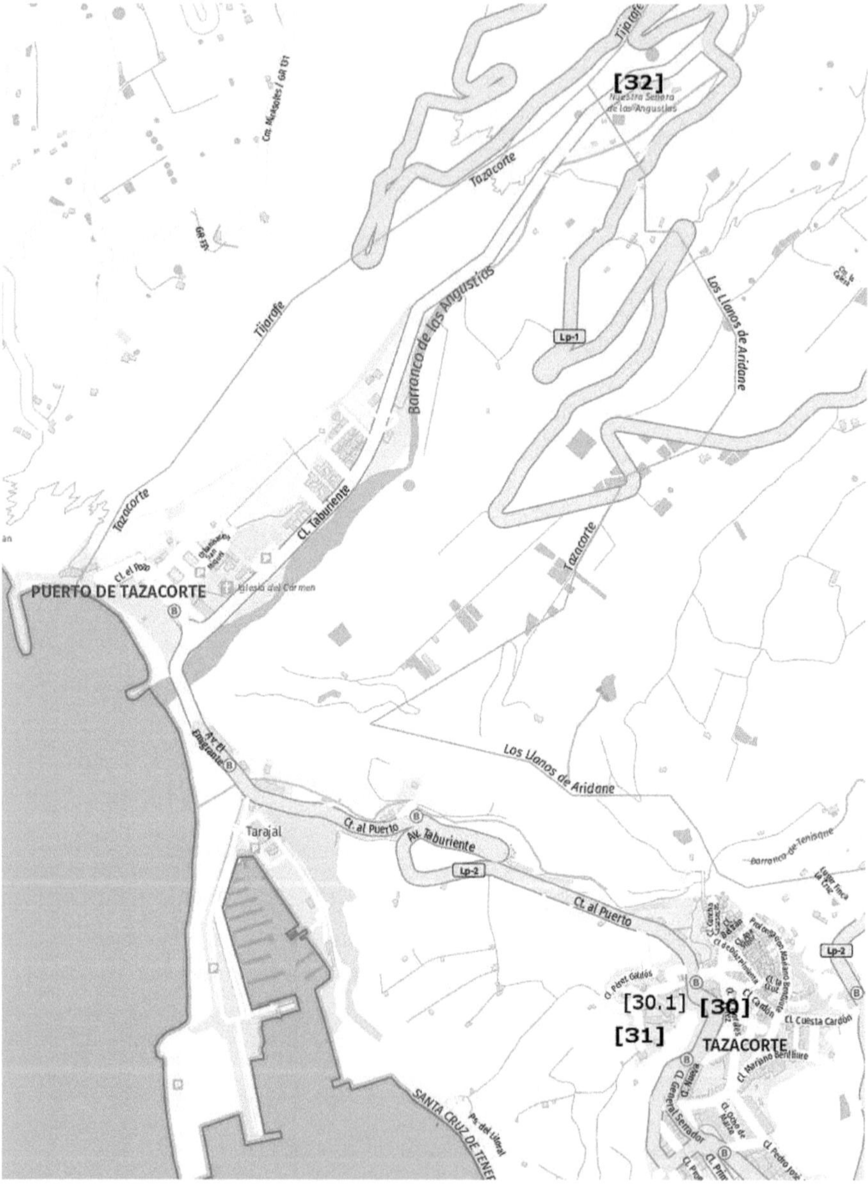

15 LAS MANCHAS

Die kleine Ansiedlung Las Manchas- übersetzt: die Flecken, weist auf die kleinen Stellen hin, die beim Ausbruch des Vulkans San Juan im Jahr

1949 von den flüssigen Lavamassen nicht übergossen wurden. Gerade einmal 700 Einwohner leben am Westhang der Insel auf 500 m über dem Meeresspiegel, wo die Passatwinde kaum zu Niederschlag führen. In den Sommermonaten ist es heiß, die Wintermonate erscheinen relativ kühl. Geschichtlich interessant ist, dass sich hier bereits im 17. Jahrhundert das Landgut der reichen Großgrundbesitzer- Familie Massieu befand.

15.1 Casa Museo del Vino

Das ausgeschilderte Weinmuseum **Casa Museo del Vino [25]** informiert über die Geschichte des Weinanbaus auf La Palma. Im Erdgeschoss ist die Vinothek, in der Sie die Inselweine der aktuell 20 verschiedenen Bodegas verköstigen und erwerben können. Im Obergeschoss wird auf deutschen Infotafeln die palmerische Weinbautradition erklärt. Zudem werden in Schaukästen die Werkzeuge zur Fassherstellung gezeigt. Interessant sind die aufgestellten bunten Weinfässer, die im Rahmen eines Wettbewerbes zur Bajada de la Virgen kreativ gestaltet wurden.

Im Garten hinter dem Museum wurde eine Auswahl der bedeutendsten Rebsorten der Insel angepflanzt. Direkt dahinter liegt das kleine Bodega-Häuschen, in dem eine Weinpresse, eine Zisterne zur Trinkwasserfilterung und Weinfässer ausgestellt sind. Eine interaktive Box vermittelt weitere Informationen.

⌚Mo-Fr 9.30-16, Sa 9.30-14 Uhr, So+Fei geschlossen, 💰1,50 €, ⌂Camino El Callejón, 98- Las Manchas de Abajo- 38760 Las Manchas-Los Llanos de Aridane.

ⓘAlternativ können Sie auf der Weinroute, der Ruta del Vino, alle 20 Bodegas auf der Insel anfahren. Da jedoch oftmals bei den kleineren Weingütern die Winzer auf den Feldern sind, oder keinen Verkaufsshop betreiben, ist es im Weinmuseum einfacher die Weine zu probieren und zu kaufen.

15.2 Wein und mehr: Die Geschichte des Weinanbaus auf La Palma

Anfang des 16. Jahrhunderts brachten die Eroberer und danach die späteren Siedler die ersten Weinstöcke auf die Insel. Aufgrund der unterschiedlichen Herkunft der Siedler entstand eine große Sortenvielfalt, die in dieser Weise außerhalb La Palmas nicht mehr anzutreffen ist. Schon damals setzte sich die ausgezeichnete Qualität der Weine innerhalb kürzester Zeit an den europäischen Adelshöfen durch. Am beliebtesten war der Malvasia, der wie Shakespeare einmal sagte "die Sinne ergötzt und das Blut wohlriechend macht". Im 17. und 18. Jahrhundert bescherte der florierende Weinhandel und die geografische Lage der Insel, die seinerzeit obligatorischer Zwischenhafen auf den Handelsrouten war, enormen Reichtum.

Im Jahr 1848 brach der Weinanbau durch den Befall von Mehltau fast zusammen. Dann zerstörte am Ende des 19. Jahrhunderts die aus Nordamerika nach Europa eingeschleppte Reblausplage große Teile auf dem Kontinent, mit Ausnahme der Kanarischen Inseln. Sie blieben vom Befall verschont, sodass noch bis heute die alten Ursprungssorten erhalten blieben.
Mitte des 20. Jahrhunderts begann der lukrative Bananenanbau in Form von großen Plantagen, für die zahlreiche Weinanbaugelände weichen mussten. Erst mit der Einführung der Ursprungsbezeichnung "D.O. La Palma" im Jahr 1993 erfuhr der Weinanbau eine bedeutende Wandlung. Die Aufforstung und Neuanlage von Weinbergen, sowie viele nationale und internationale Auszeichnungen führten schließlich zu dem guten Ruf der Inselweine. Sie sind inzwischen auch am europäischen Festland sehr gefragt und erzielen gute Preise.
Für die Ursprungsbezeichnung "D.O. La Palma" wird die Insel in 3 Produktionsbereiche aufgeteilt: Norden, Hoyo de Mazo und Fuencaliente.
Im Norden zählen zum Produktionsbereich die Gemeinden Puntallana, San Andrés y Sauces, Barlovento, Garafía, Puntagorda und Tijarafe. Der Wein wird auf flachen Spalierreben in Höhenlagen zwischen 100 und 1500 m angebaut.
Das Gebiet Hoya de Mazo beinhaltet die Gemeinden Villa de Mazo, Breña Baja, Breña Alta und Santa Cruz de La Palma. Hier wird in einer Höhe von 200 bis 700 m kriechender Weinanbau betrieben.
Zum Gebiet Fuencaliente gehören die Gemeinden Fuencaliente, El Paso, Los Llanos de Aridane und Tazacorte. In einer Höhe von 200 bis 1400 m wird kriechender Weinanbau auf einer, bis teilweise über 2 m dicken, von Vulkanasche bedeckten Fläche betrieben. Aufgestapelte Lavasteinmauern werden als Windschutz eingesetzt. Zu den angebauten Weinsorten zählen Albillo, Almuñeco, Bujariego, Gual, Listán Blanco, Malvasia, Negromoll, Sabro und Verdello.

Von den Weingütern der Insel können Sie 6 Bodegas mit geregelten Öffnungszeiten besuchen:

Bodegas Teneguia

🕓Mo-Fr 9-18, Sa-So 10-13 Uhr,ⓘFührung durch das Weingut 🕓Mo- Fr 12.30 Uhr, 💰4,00 €, ⌂Plazoleta Garcia Escámez, 38740 Fuencaliente

Bodega La Casa del Volcán

🕓wie Restaurantzeiten, tägl. ab 13 Uhr, ⌂Calle Los Volanes, 38740 Los Canarios

Bodegas Carballo

🕓Mo-Sa 11-19 Uhr, ⓘWeinprobe 2,00 €, Preis entfällt beim Kauf einer Flasche, ⌂Las Indias, 74- 38740 Los Canarios

Bodega Tamanca
⌚Di- So 10-24 Uhr, ⌂Las Manchas (San Nicolás), 38750 El Paso

S.A.T. Bodegas Noroeste de La Palma
⌚Tägl.10-14 Uhr, ⌂Bellido Alto, 38780 Tijarafe

S.A.T Bodegas El Hoyo
⌚Mo- Do 8.30-14/ 15.30-17.30, Fr 8.30-14 Uhr,⌂Carretera General Hoyo de Mazo, Los Callejones 60, 38730 Villa de Mazo

Weitere Informationen zum palmerischen Wein und den Kellerein unter
➀ http://deutsch.vinoslapalma.com/kellereien.html

Notizen...✎...

15.3 Plaza de La Glorieta

Unterhalb des Weinmuseums befindet sich die **Plaza de La Glorieta [26]**. Der kleine sehenswerte Platz wurde in den Jahren 1993- 1996 vom palmerischen Künstler Luis Morera in Szene gesetzt. Minuziös wurden aus kleinen Mosaiksteinen Bodenflächen gestaltet und bunt verzierte Säulen und Brunnen geschaffen, die im Rahmen der üppigen, gepflegten Bepflanzung eine künstlerische Meisterleistung darstellen.
ⓘBemerkenswert: Durch die tägliche Anwesenheit der Gärtner soll verhindert werden, dass das Gesamtkunstwerk dem Vandalismus zum Opfer fällt. Auch in Los LLanos de Aridane gestaltete der Künstler den sehenswerten Park Parque Antonio Gómez Felipe. ⌂Barrio Cuarto Caminos, 17- 38759 Los Llanos de Aridane- Las Manchas

15.4 Centro de Interpretación de las Cavidades Volcánicas- Caños de Fuego- Cueva de Las Palomas

Inmitten eines tiefschwarzen Lavafeldes liegt das moderne **Besucherzentrum Caños de Fuego**, dass die Palmeros namentlich nach den Höhlen, die durch einen feurigen Lavastrom im Jahr 1949 entstanden sind, benennen. Den Aufzeichnungen zufolge, war ein Schäfer gegen 9.00 Uhr im frühen Morgen des 24. Juni 1949 im Umfeld des Vulkans Montaña de Duraznero unterwegs. Er war von Angst und Schrecken erfüllt als die Erde aufriss, Rauch aus Öffnungen ausstieg und ein Grollen aus dem Untergrund zu hören war. Kurz danach, gegen 11.00 Uhr, öffnete sich der erste Krater des Vulkans, der Asche und Rauchwolken spuckte, die auf der gesamten Insel zu sehen waren und zu größter Besorgnis der Bewohner dieser Region sorgte.
Der Vulkanausbruch hielt 37 Tage an. Glücklicherweise kam niemand ums Leben. Die Lava brach mit 1200 Grad aus und hatte eine Fliessgeschwindigkeit von 37 km/h, die sich Richtung Meer bewegte. Die Lavaströme bauten sich schnell bis zu einer Breite von 50 m und einer Höhe von 1,5 m auf, sodass die Meerestemperatur auf 60 Grad anstieg. Durch den Ausbruch entstand eine neu gewonnene Fläche von insgesamt 1.400.000 qm, die die Palmeros inzwischen erfolgreich zum Weinanbau nutzen.
Im Interpretationszentrum wurden auf über 500 qm in 2 Etagen sehenswerte Ausstellungsräume mit Exponaten und Touch-Screens, sowie ein Filmsaal eingerichtet. Sie erfahren wissenswertes über das Lavatunnelsystem, das sich zwischen den Ortschaften Todoque und Las Manchas bildete. ⓘDas Highlight des Besucherzentrums ist die **Cueva de Las Palomas [27]**, die Taubenhöhle, die Sie besichtigen können. Über Treppen tauchen Sie in eine fantastische unterirdische Welt ab, die momentan noch kostenfrei besichtigt werden kann.
Falls bei Ihrem Besuch die Filmvorführung nicht auf Deutsch gezeigt wird, hält das Cabildo Las Palmas folgende Informationen für Sie bereit: "Am 21. Juni 1949, dem Johannistag, hat ein heftiges Beben die Insel Las

Palmas erschüttert. Diese Erschütterungen dauerten noch 3 Tage an, bis sich am Vormittag des 24. Juni auf der Seite vom Llano Blanco ein Krater auftat, welche eine dicke Rauchwolke ausspuckte. Dieser Vulkan, der San Juan getauft wurde, spuckte explosionsweise Asche aus, bis er am 08. Juli 1949 einen immensen Lavastrom ausschüttete, der streckenweise über 1,5 km breit war, Felder und Anbaugebiete zerstörte und bis zum Ozean gelangte.

Nach 37 Tagen eruptiver Tätigkeit des Vulkans San Juan stellte er seine Aktivität ein, ohne dass man Menschenleben beklagen musste. Die fast 55 Mio. Kubikmeter Lava, die er ausgestoßen hatte, hatten dann an der Küste eine riesige Plattform von 1.400.000 qm gebildet, die heute dem Anbau dient. Aber er hat nicht nur die oberflächliche Physiognomie der Insel verändert, sondern es haben sich unter diesem riesigen Lavafeld über 20 Vulkantunnel gebildet, eine wahre verborgene Landschaft, die zum Naturmonument des Kanarischen Netzwerkes geschützter Naturgebiete erklärt wurde.

Dieses riesige Netzwerk von Vulkantunneln hat sich gebildet als der Lavastrom im Kontakt mit der Luft erkaltete, während im Inneren der Lavaausguss mit einer Temperatur von über 1000 Grad seinen Weg zum Ozean fortsetzte.

Nachdem der Lavafluss ausgesetzt hatte, blieben als Zeugen dieses Ausbruches jene Aushöhlungen zurück, deren Bedeutung nicht nur in der geomorphologischen Eigenartigkeit besteht, sondern auch weil sie eine große Anzahl von Arten beherbergen, die sich an das unterirdische Leben angepasst haben. Einige dieser Arten, wie die Felsentaube, nach welchen diese Höhle benannt wurde, oder die Fledermäuse, nutzen die Höhle als Schutzraum, aber es gibt viele andere Arten, die unbemerkt bleiben. Es sind stark bedrohte Arten und in einigen Fällen sogar einzigartig auf der Welt, weil sie endemisch einer einzigen Höhle angehören. Einige wirbellose Arten haben ihre Morphologie so sehr den Bedingungen der Höhle angepasst, dass sie diese Ökosysteme nicht verlassen können. Aber vom kulturellen Standpunkt aus ist die Relevanz dieser Höhlen, die auf der Insel "Caños de fuego" (Feuerpfeifen) noch viel bedeutender, weil sie von Menschen genutzt wurden, und in vielen hat man die Reste der prähispanischen Ureinwohner der Kanaren gefunden, für welche diese Orte ein Heiligtum darstellen und die dort ihre Verstorbenen Begruben.

Die Gesamtheit der Vulkantunnel des Naturmonuments Cueva de Las Palomas ist die jüngste Formation dieser Art auf den Kanarischen Inseln. Sie stellt ein äußerst wertvolles Kulturerbe dar, welches uns allen gehört".

⌚Tägl. 10-18 Uhr, 💰momentan kostenlos, nach Covid-19: Erwachsene €4,00, Kinder bis 12 J. frei, ⌂ausgeschildert ab LP-2 Las Manchas, Carretera El Hoyo Todoque, 38769 Las Manchas

Unterhalb des Besucherzentrums erstreckt sich ein gigantisches schwarzes Lavafeld, das über einen 800 m langen Zick- Zack- Steg zu einem neuen Eingang zur Höhle führt. **Der Steg [28] und die Höhle**

können ausschließlich in einer gebuchten und geführten Tour begangen werden.
Ein erfahrener Führer erwartet Sie am Eingang des Lavafeldes mit Helmen und Grubenlampen, die Sie in der Höhle individuell ausrichten können, um Ihren Weg durch die Höhle optimal auszuleuchten.Mit ausführlichen Erklärungen werden Sie über Geröll und Gestein geführt und sehen einen einmaligen Lava- Höllenschlund.
ⒾAktuell können Sie nur über die Internetseite **www.Lapalmaoutdoor.com** die Begehung des Lavafeldes und die Besichtigung der Höhle Cueva de Las Palomas buchen. Tipp: Ohne Internetverbindung wenden Sie sich an Ihre Hotelrezeption, die unter der Nummer +34 617 507 479 direkt Plätze buchen kann. € 22,00 , Kinder 3-12J. € 11,00, Zahlung über Paypal oder Kreditkarte, Bustransfers von Los Cancajos, Puerto Naos und dem Hotel Princess Teneguia ab € 10,00 (Aufgrund von Covid-19 müssen Transfers noch individuell angefragt werden.) Dauer der Führung: ca. 2 Stunden, gutes festes Schuhwerk ist dringend erforderlich, um durch die Höhle zu gehen.

15.5 Virgen de Fatima

Oberhalb des Interpretationszentrums liegt das kleine Örtchen San Nicolas, indem die **Jungfrau Fatima [29]** verehrt wird. Aus Dank, dass die strömenden Lavamassen beim Ausbruch des Vulkans San Juán sich rechtzeitig spalteten und am Dorf vorbeiliefen, wurde ein freistehender Altar im Lavafeld errichtet. Im Mittelpunkt steht die angebetete Marienstatue Virgen de Fatima, vor dessen Monument ein Altar aufgebaut ist. ⌂ Calle Tamanca, 38759 Las Manchas

16 TAZACORTE

Nach der Hauptstadt Santa Cruz de La Palma ist Tazacorte die zweit bedeutendste Stadt der Insel. Am Tag des 29.09.1492 ging der Spanier Alonso Fernández de Lugo im Hafen von Tazacorte mit seinen Männern an Land, um die Insel zu erobern. Der Ortsname ist laut fundierten Studien auf die Ureinwohner der Insel, den Benahoritas, die aus dem Südwesten Marokkos zugewandert waren, zurückzuführen. In ihrer Sprache nannten sie den Ort ASKAR, dann AZAGAR und zuletzt TIZEKKAR, was übersetzt bedeutend mit Ebene, Weidefläche und Parzelle gleichzusetzen ist.
Im Westen des Aridanetals liegt die Hochebene von Tazacorte. Nördlich grenzt der Barranco de las Angustias an, der von der kanarischen Regierung zum Landschaftsschutzgebiet erklärt wurde.
Zunächst formte der Vulkanausbruch des Montaña Quemada- übersetzt- verbrannter Berg, die Landschaft auf der Westseite der Insel. Danach brach im Jahr 1949 der Vulkan San Juan aus, der mit seinen unendlichen Lavamassen die grünen Anbaufelder der Insel überflutete und bis ins Meer lief. Somit wurde die Gesamtfläche der Insel vergrößert.

Bei diesem Vulkanausbruch entstanden der Montaña Todoque mit einer Höhe von 349m und der Montaña La Laguna mit 343m, die unter Naturschutz gestellt wurden.

16.1 Iglesia de San Miguel Arcángel

Am 29.09.1492, dem Tag des Heiligen Michael, startete die Inseleroberung im heutigen Hafen von Tazacorte. Zu seinen Ehren erbauten die Eroberer die erste Wallfahrtskapelle am Ort, auf der sich jetzt die Kirche **San Miguel Arcángel [30]** befindet. Sie wurde im Jahr 1530 errichtet und im Laufe der Jahrhunderte mehrfach modifiziert. Hier werden die Reliquien des Martyriums der Jesuiten aufbewahrt, die vor Fuencaliente niedergemetzelt wurden.

🕒Tägl. 10-20 Uhr, ⌂Plaza de España - 38770 Tazacorte

ⓘSeitlich der Kirche ist eine von blühenden Bouganvillebüschen überdeckte Pergola, unter der sich die Einheimischen zum gemütlichen Miteinander treffen.

16.2 Stadtrundgang Tazacorte

Im Rahmen einer Stadtführung entdecken Sie die interessante Geschichte von Tazacorte. Beginnend von der Eroberung, über die Verteidigung bis hin zur aktuellen Entwicklung. Der Guide führt Sie mit detaillierten Informationen durch die Gassen der Stadt. Exklusiv erhalten Sie Zutritt zum feudalen Herrenhaus Casa Massieu [30.1] aus dem 17. Jahrhundert, das sonst für Besucher geschlossen ist.

ⓘDie aktuellen Führungszeiten erfahren Sie in der Touristeninformation in Tazacorte vor Ort, per E Mail auf Englisch oder Spanisch unter: turismo@tazacorte.es, oder über die Rezeption Ihres Hotels unter Tel: +34 922480151.

16.3 Museo del Plátano- Bananenmuseum

Das im Jahr 2004 eröffnete Museum **Museo del Plátano [31]** ist von Bananenplantagen umgeben und zeigt die Bedeutung des Bananenanbaus auf La Palma vom frühgeschichtlichen Ursprung bis zur heutigen Zeit, auf. Im Obergeschoss erklären Schautafeln auf Englisch und Spanisch alle Einzelheiten, ein Informationsordner auf Deutsch steht an der Kasse zur Verfügung. Original- Arbeitsgegenstände komplettieren die Ausstellung.

🕒Mo- Fr 10-13.30, 16-18, Sa 10- 13 Uhr, 💰2,00 €, Kinder von 6-12 J. 1,00 €, ⌂ausgeschildert- Calle Miguel de Unamuno, 13, unterhalb der Altstadt- 38770 Tazacorte.

16.4 Bananenanbau in Tazacorte

Eigentlich ist alles Banane, aber das sollten Sie über den Bananenanbau auf La Palma wissen:

Den geschichtlichen Aufzeichnungen zufolge, begann der Anbau auf der Insel am Anfang des 17. Jahrhunderts. Nach dem 1. Weltkrieg ließ sich das irische Unternehmen Fyffes, das aktuell der europäische Marktführer im Segment Bananen ist, auf der Insel nieder und pachtete Vorort riesige Plantagenfelder. Aufgrund des warmen Klimas im Aridanetal und des enormen Wasserreichtums aus der Caldera, entwickelte sich ein florierender Bananenhandel. Die optimale Lage des Hafens von Tazacorte begünstigte den schnellen Abtransport nach Übersee.
Fyffes entschied sich für den Anbau einer Bananenart aus Südostasien, der sogenannten Dwarf Cavendish, einer klimatisch anspruchslosen Art, deren Stauden bis zu 3,5 m hoch werden und den starken Passatwinden widerstehen.
Bereits damals reichte der geringe Niederschlag in Tazacorte nicht aus, um die Bananenfelder zu wässern, so dass in den 1930- Jahren von der Caldera unzählige Zuflüsse gebaut wurden, um die Bananenfelder zu bewässern. In den 1950- Jahren sank der Grundwasserspiegel der Insel extrem ab, das zu einem extremen Engpass führte und Anbauflächen zerstörte.
Inzwischen werden die Bananenpflanzen nur noch mit Sprühwasser benebelt, das den Wasserverbrauch um über die Hälfte gesenkt hat.
Dennoch werden für die Bewässerung von einem Hektar Bananeplantage zwischen 16.000 und 23.000 cbm pro Jahr benötigt.
La Palma produzierte bereits im Jahr 1951 über 23.000 Tonnen Bananen, seit den 1960- Jahren über die Hälfte mehr und lieferte im Jahr 1970 sogar 90.000 Tonnen für den Export aus.
Seit dem Jahr 2000 verfügt Tazacorte über eine Bananenanbaufläche von 710 Hektar, einer Größe von über 1000 Fussballfeldern, die 25% der gesamten Anbaufläche der Insel darstellt. Auch auf den Nachbarinseln, wie zum Beispiel Teneriffa, übernimmt la Palma zu über 95% die Lieferung an das spanische Festland. Die neuesten Statistiken belegen, dass im Jahr 2012 bereits 60.000 Tonnen, die etwa 1/3 der Kanarischen Produktion ausmachen, an das Spanische Festland ausgeliefert wurden.

16.5 Santuario de Las Angustías

Die **Ermita Santuario de Las Angustías [32]** stammt aus den Zeiten der Inseleroberung und besticht bereits vom Weiten durch die leuchtende, kupferfarbige Kirchspitze. Im Mittelpunkt steht der Altar mit der prunkvollen Statue der Virgen de Las Angustías, der Jungfrau der Schmerzen, die ihren toten Sohn in den Armen hält.
Die ansonsten schlicht gehaltene Kirche hat eine imposant gefertigte Mujadar- Holzdeck über dem Altarbereich. Neben religiösen Reliquien, die von Gläubigen rechtes und links an den Wänden vor diesem Bereich angebracht wurden, befindet sich auf der rechten Seite der Gebetsbänke, ein in der Wand eingelassener, goldfarbener Reliquienschein. In der Inschrift steht: "Reliquias traidas por los Martires de Tazacorte- Año

1570"- gefundene Reliquien, der Märtyrer aus dem Jahr 1570. Die darunterliegende Marmortafel erinnert an den Tod des Paters, der mit seinen 39 Mönchen im Auftrag von Pabst Pius V, im Namen der Kirche nach Brasilien aufbrach, um die dortige Bevölkerung zu christianisieren. Kurz nach dem Auslauf des Schiffes in Tazacorte wurden sie von Piraten überfallen und getötet. In Gedenken an das Martyrium der seligen Jesuitenbrüder versenkte die Inselregierung im Jahr 1999, 40 Betonkreuze am alten Leuchtturm in Fuencaliente ins Meer. ⓘDer Legende nach, hatte der Pater in der Nacht vor der Abreise eine Vision: Er sah sich und seine Glaubensbrüder auf dem Schiff mit dem plötzlichen Tod vor Augen. Am nächsten Morgen biss er in seiner Andacht vor lauter Schreck, an das in seinen Träumen erlebte, in den Messbecher, sodass seine Zähne einen Abdruck hinterließen. Dieser Messbecher, der jedoch aufgrund einer Angestellten, die dachte, dass der Kelch demoliert ist, nachträglich begradigt und poliert wurde, wird als Reliquie in der Pfarrkirche San Miguel Arcángel in Tazacorte ausgestellt.
⏲tägl.9.30- 19 Uhr, ⌂LP-1> Abzweig Avenida Taburiente- 38770 Tazacorte

16.6 Puerto de Tazacorte- Bootsausflüge- Auf Delfin- und Walsuche...

An den Küsten des tiefblauen Atlantiks ziehen viele Delfine und Wale vorbei. Im Hafen von Tazacorte können Sie im Rahmen eines Bootsausfluges auf Ausschau gehen. Auf dem Platz vor dem Bootsanleger stehen verschiedene Anbieter bereit. Unter allen Anbietern, können Sie sich zum Beispiel mit dem Flipper von Oceanexplorer auf eine 2,5 bis 3-stündige Safari- Cruise entlang der Küste begeben. Je nach Wetterlage und Temperaturen wird ein Badestop eingelegt. Sollten wider Erwarten keine Delfine gesichtet werden, kann der Ausflug kostenfrei wiederholt werden.
Uriger und gemütlicher ist ein 4-stündiger Bootstrip mit der Bussard, einem alten Nordseekrabbenkutter, der wahlweise vormittags oder nachmittags als Sunsettour angeboten wird. An der beeindruckenden Felsküste, die zum Greifen nahe erscheint, geht es hier auch, wie mit dem Flipper- Boot, zur Cueva Bonita, einer eindrucksvollen Vulkangrotte, die für ihr spektakuläres Licht- und Farbspiel berühmt ist, zur Piratenbucht Poris de Candelaría, zur Playa de la Veta, die wie man sagt, zu den schönsten Stränden der Insel zählt, zur Höhle Cueva Colorada und zum Punta Gorda mit Fischerhäuschen. Nach einer Stunde legt die Bussard einen 20-minütigen Badestop ein, danach geht es zur Delfinsichtung auf das offene Meer. Während der Kutter über das Meer schippert, wird ein leckeres Tapa- Essen serviert, Erfrischungsgetränke sind inkludiert.

ⒾWeitere Informationen und Anbieter im Hafen von Tazacorte. Bei einer Internetbuchung bietet Oceanexplorer einen Rabatt von 10% an: www.oceanexplorer.es

Für Seekranke sind die Ausflüge absolut ungeeignet. Exklusiver sitzt man bei max. 12 Gästen auf der Bussard, jedoch reicht ein normaler Bootstrip, egal mit welchem Veranstalter, zur reinen Delfinsichtung aus. Zwischen Dezember und April ist die Wahrscheinlichkeit Wale zu sichten am höchsten.

16.7 Zuckerrohranbau in Tazacorte

Auch der Anbau von Zuckerrohr prägte die Gemeinde, insbesondere den Puerto de Tazacorte. Bereits um 1452 begann auf Madeira die Zuckerrohrverarbeitung, die durch Wassermühlen betrieben wurde. Später, im Jahr 1513 startete der Unternehmer Jacomo de Monteverde mit der ersten Zuckerproduktion in Tazacorte, für die er portugiesischeIngenieure und Handwerker anwarb. Eine der zwei Mühlen, die Molino de Arriba lag im oberen Teil von El Charco, die Molino de Abajo im unteren Teil. Um die Wasserräder der Mühlen zu betreiben wurde ein Kanalverlauf gebaut, der aus einem offenen Kanal und dem vorhandenen Aquädukt in El Charco bestand. Auf dem seinerzeit offenen Kanal, der auch als Waschplatz genutzt wurde, steht der Brunnen mit der Bronzestatue des Erzengels Michael. Unterhalb der neueren Molino de Abajo befand sich das Kesselhaus, indem der Zuckersaft in Kupferkesseln gesammelt und raffiniert wurde. Auf dem davorliegenden Platz wurden die Überreste der Zuckerrohrpflanzen in der Sonne getrocknet, um sie als Brennmittel zu nutzen. Im Jahr 1520 belief sich die produzierte Gesamtzuckermenge auf 300 Tonnen. Im Jahr 1914 stellten Argual und Tazacorte 290 Tonnen, San Andrés y Sauces und Barlovento 250 Tonnen her. Die Zuckerbarone beschäftigen im 16. Jahrhundert ausschließlich billige Tagelöhner und Sklaven, deren Zwangsarbeit erst nach Abschaffung der Sklaverei am 13.02.1880 eingestellt wurde. Für die Gewinnung von Zucker waren extrem große Mengen an Wasser und Feuerholz nötig, was zur Folge hatte, dass große Kiefernwälder abgeholzt wurden und sich der Waldbestand auf 40% reduzierte.

17 Puerto Naos

Das kleine ehemalige Fischerdorf Puerto Naos entwickelte sich Anfang der 1980-er Jahre zum wichtigsten Touristenzentrum im Westen der Insel. Zuvor lebten die Einwohner von der Fischerei und dem Bananenanbau. Mit dem Bau der Bettenburg, dem jetzigen Sol La Palma der Melia-Hotelkette, entstanden zunächst 200 Zimmer. Es folgten unzählige Apartmenthäuser und die Erweiterung des Hotelkomplexes. An der kleinen Uferpromenade liegen kleine Geschäfte, vereinzelt Restaurants und Bars. Die Hauptattraktion des Ortes ist der schwarze Sandstrand

Playa de Puerto Naos. Er ist 200 m lang, 60 m tief und wurde mit der blauen Flagge ausgezeichnet. Rettungsschwimmer, Liegen, Sonnenschirme und Duschen stehen zur Verfügung.

17.1 Ecofinca- PlatanoLógico

Seit über 8 Jahren bereibt die Bio- Finca ihre Bananenplantage. Sie erfahren, wie eine kanarische Bananenplantage ohne Pestizide und Düngermittel betrieben wird. Bei der geführten Besichtigung sehen Sie Schmetterlinge, Hornissen und Marienkäfer, die Zeugnis eines biologischen Anbaus sind. Jederzeit können Sie Fragen stellen, die kompetent beantwortet werden. Im hinteren Teil des Geländes werden Sie zu Schafen und Eseln geführt, die Sie und auch Kinder mit Bananen- und Bananenblättern füttern können. Der Abschluss der 2-stündigen Führung endet mit einer Verkostung von hausgemachten Getränken, Früchten und Bananen. ◑ Der Rundgang wird in Deutsch, Englisch und Spanisch angeboten. Reservierung: www.platanologico.es, Erwachsene 20 €, Kinder 10-17J. 10 €, ⌂ Eingang am Strand vor dem Hotel Sol La Palma, Carretera Puerto Naos, El Remo 20, 38760 Puerto Naos

Notizen...✐...

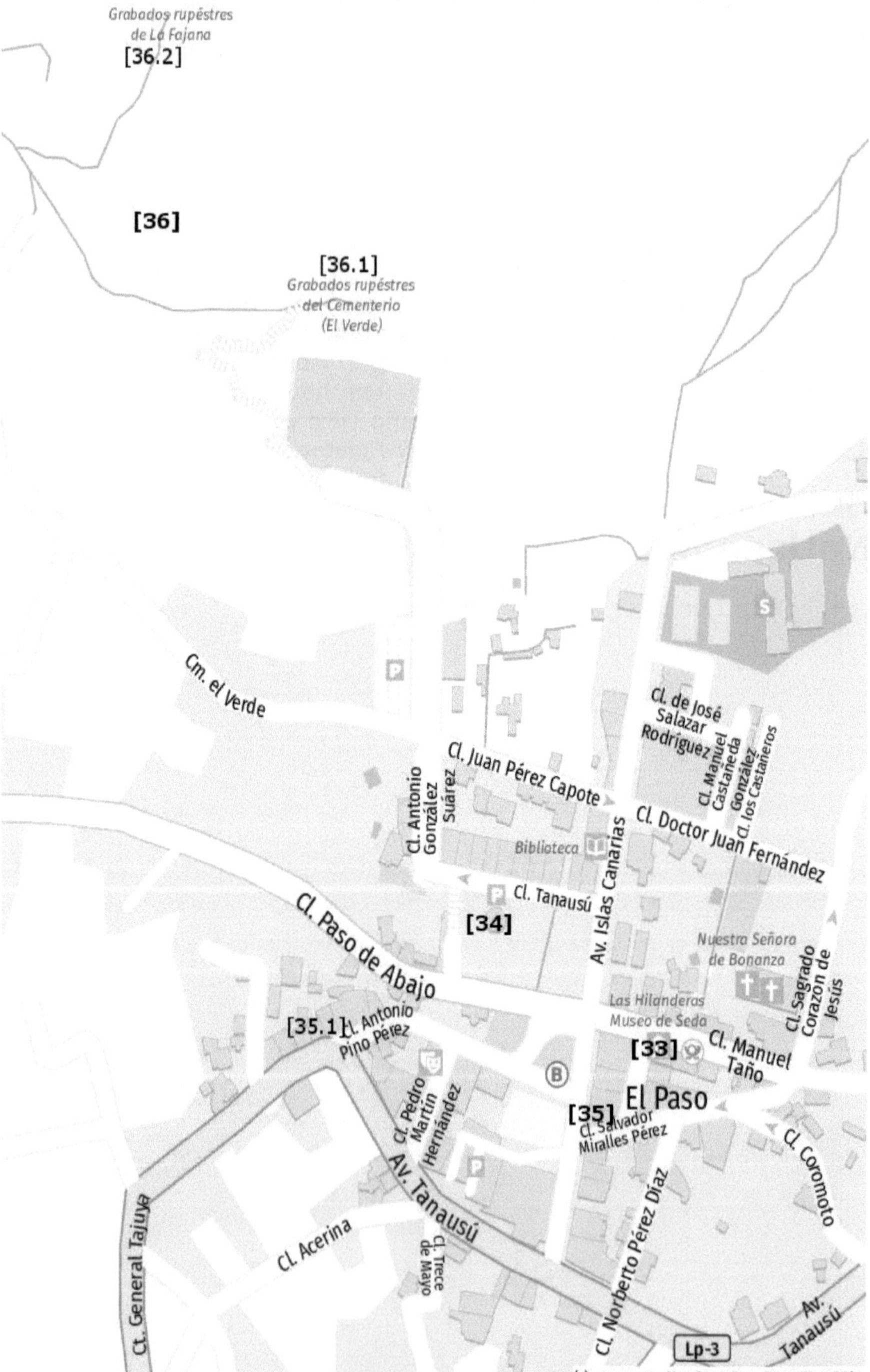

Grabados rupéstres de La Fajana
[36.2]
[36]
[36.1]
Grabados rupéstres del Cementerio (El Verde)
Cm. el Verde
Cl. de José Salazar Rodríguez
Cl. Manuel Castañeda González
Cl. los Castañeros
Cl. Juan Pérez Capote
Cl. Antonio González Suárez
Cl. Doctor Juan Fernández
Biblioteca
Av. Islas Canarias
Cl. Tanausú
[34]
Cl. Paso de Abajo
Nuestra Señora de Bonanza
Cl. Sagrado Corazón de Jesús
Las Hilanderas Museo de Seda
[35.1]
Cl. Antonio Pino Pérez
[33]
Cl. Manuel Taño
El Paso
[35]
Cl. Salvador Miralles Pérez
Cl. Pedro Martín Hernández
Cl. Coromoto
Av. Tanausú
Cl. Norberto Pérez Díaz
Ct. General Tajuya
Cl. Acerina
Cl. Trece de Mayo
Lp-3
Av. Tanausú
(c) mapz.com - Map Data: OpenStreetMap ODbL

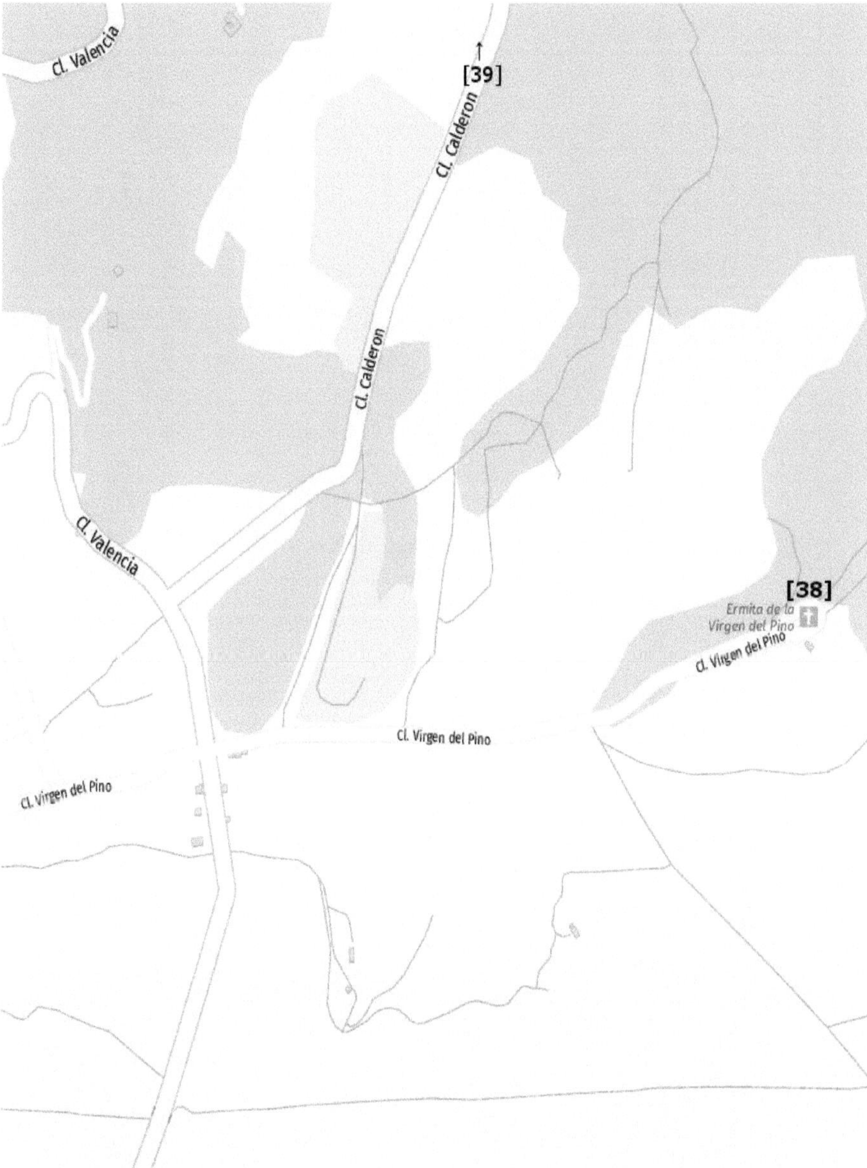

Cl. Valencia
[39]
Cl. Calderon
Cl. Calderon
Cl. Valencia
[38]
Ermita de la Virgen del Pino
Cl. Virgen del Pino
Cl. Virgen del Pino
Cl. Virgen del Pino
Cl. Calderon
Cm. Pepe Jiménez
[37]
Ct. General Padron
Lp-3
(c) mapz.com - Map Data: OpenStreetMap ODbL

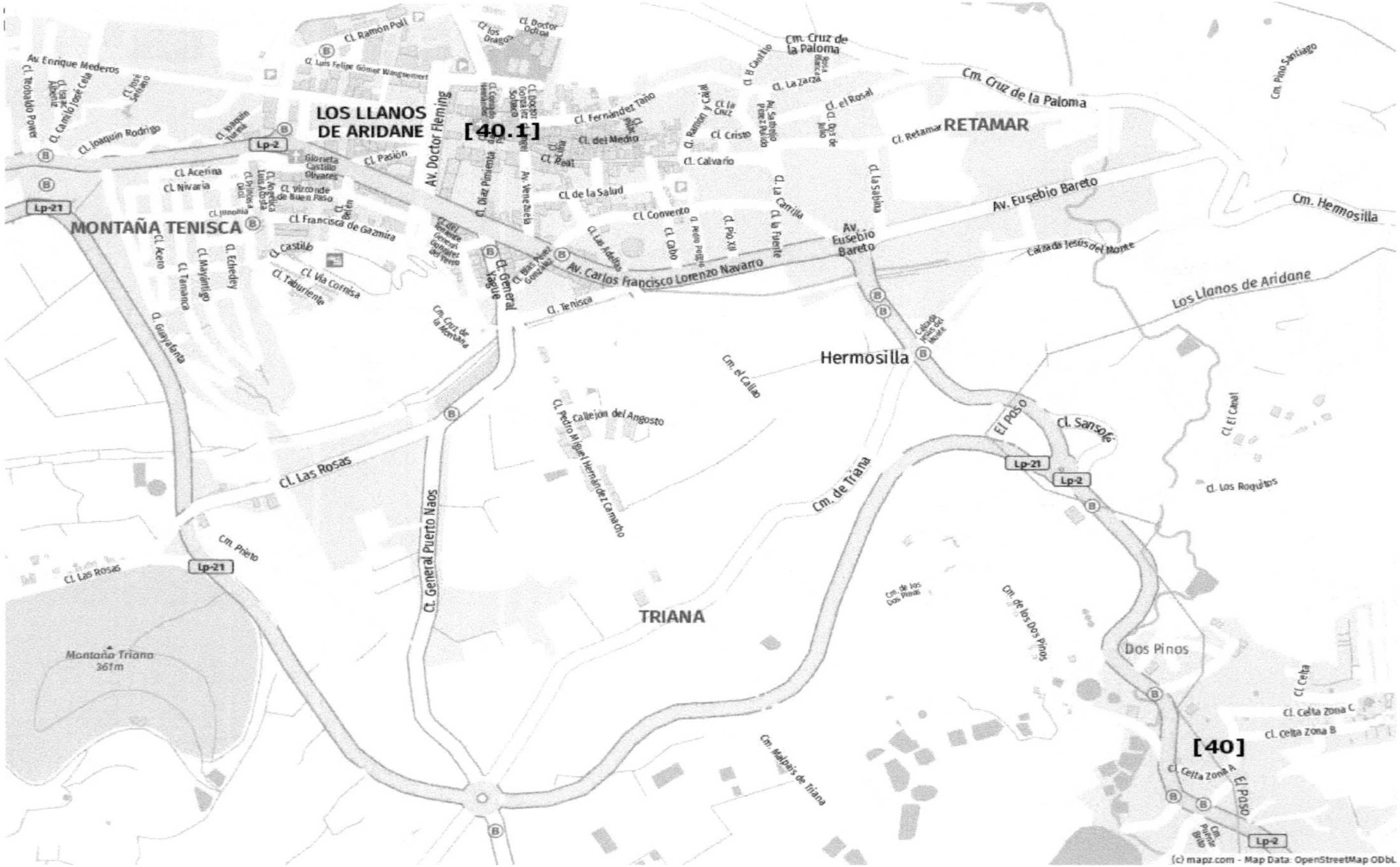
LOS LLANOS
DE ARIDANE
[40.1]
RETAMAR
MONTAÑA TENISCA
Hermosilla
TRIANA
Dos Pinos
[40]
Montaña Triana
361m
Av. Doctor Fleming
Av. Eusebio Bareto
Av. Carlos Francisco Lorenzo Navarro
Cm. Cruz de la Paloma
Cm. Hermosilla
Los Llanos de Aridane
Cl. Las Rosas
Ct. General Puerto Naos
Cm. de Triana
Cm. de los Dos Pinos
Cm. Malpaís de Triana
El Paso
Cl. Sansofé
Lp-2
Lp-21
(c) mapz.com - Map Data: OpenStreetMap ODbL

18 EL PASO

Mit 7.550 Einwohnern ist El Paso flächenmäßig die größte Gemeinde der Insel. Sie grenzt, bis auf Tazacorte, an alle anderen 13 Gemeinden an, ist aber die einzige, die keinen Zugang zum Meer hat.

18.1 Museo de la Seda- Las Hiladeras- Seidenmuseum

Die Seidenspinnerei war früher auf vielen Kanarischen Inseln weit verbreitet, verlor jedoch mit zunehmender Industrialisierung an Bedeutung, sodass sie heute nur noch auf La Palma praktiziert wird, was in Europa einzigartig ist.
Das **Seidenmuseum Museo de la Seda [33]** befasst sich mit der Geschichte der Seide, von der Seidenraupenzucht bis zur Fertigstellung der Endprodukte. Die alte Handwerkskunst wird in El Paso noch mit den ursprünglichen Techniken ausgeübt und von Generation zu Generation weitergegeben.
In den oberen Räumlichkeiten des Museums erfahren Sie alles Wissenswerte auf Wandtafeln, zudem werden Exponate aus dem 16.-20.-Jahrhundert ausgestellt. Eine Filmvorführung zeigt die notwendigen 14 aufwendigen Arbeitsschritte zur Seidenherstellung. Im Erdgeschoss beobachten Sie den Hiladeras, den Spinnerinnen, direkt bei der aufwendigen Seidenherstellung. ⓘ Im anschließenden Shop können die handgefertigten Stücke käuflich erworben und individuelle Handarbeiten in Auftrag gegeben werden. ⌚Mo- Fr 10- 14 Uhr, 💰3,00 €, Kinder bis 14 J. frei, ⌂ Calle Manuel Taño, 6- 38750 El Paso

18.2 Mercadillo El Paso

Der **Bauernmarkt Mercadillo El Paso [34]** befindet sich in einer kleinen Markthalle. Angeboten werden regionales Obst und Gemüse, Brot und Gebäck, sowie Handwerksarbeiten.
⌚Fr 13-19, Sa 9-14 Uhr, ⌂ Calle Paso de Abajo in El Paso. Vom Dino-Supermarkt kommend, in der 2. Straße auf der linken Seite.

18.3 Pastelería La Tarta

Seit über 16 Jahren betreibt Martina Siegert ihre kleine **Bäckerei La Tarta [35]** in El Paso. Alle Backwaren werden mit Hingabe und Leidenschaft täglich frisch zubereitet, sodass Sie sich auf leckere Mohn- und Sesambrötchen, Laugenbrezel, Roggenmischbrote, Croissants, Bienenstich, Streusel- und Obstkuchen freuen können. Auch deutsche Klassiker wie Käsekuchen und die Schwarzwälderkirschtorte gehören zum Sortiment. ⓘKostenlose Parkplätze stehen am Hiperdino-Supermarkt zur Verfügung. ⌚Mo+Di, Fr+Sa 9-13.30 Uhr, ⌂Avenida Islas Canarias, 12 -38750 El Paso

18.4 Naturkost El Campo

Der seit über 30 Jahren etablierte Bioladen Naturkost El Campo [35.1] bietet lokale Produkte in Ökoqualität an: Obst, Gemüse, Backwaren, Käse, Eier, Marmelade, vegetarische Lebensmittel und Milchprodukte. Zum Sortiment gehören auch Kräutertees, Kleidung und Naturkosmetik.
🕒Mo-Fr 9.30-13.30, 16-19, Sa 9.30-13.30 Uhr, ⌂Calle Antonio Pino Pérez, 1- 38750 El Paso

18.5 Petroglifos El Verde und La Fajana

In der Gemeinde La Paso wurden **Petroglifos [36]**, Steinritzungen der Ureinwohner erst im Jahr 1982 entdeckt. Bei den ausgeschilderten Fundorten handelt es sich um Kultstätten, an denen sie Riten abhielten und um Regen baten.
Die Fundstätte El Verde [36.1] besteht aus 13 Zeichnungen, von denen die Spiralformen die größten auf La Palma sind. Bei La Fajana [36.2], liegen die Petroglyphen hinter einem Gitterzaun. Sie sehen geometrische Ritzungen in Form von Spiralen, konzentrischen Kreisen, Wellenlinien und einer Art von Verzweigungen. Zu den interessantesten Motiven zählen die sonnenförmigen Gravuren, die in dieser Form nur hier auf La Palma anzutreffen sind.
Das Wort Fajana ist eine altkanarische Bezeichnung, die ursprünglich aus dem portugiesischen stammt und ein, am Steilhang gelegenes Podest, das sich aus gelösten Felsstücken zusammensetzt, bezeichnet.
🕒tägl. 9-21 Uhr, ⌂Parkplatz: Friedhof- Cementerio Municipal San Vicente Ferrer, Calle Antonio Gonzalez Suarez- 38759 El Paso
ⓘ Sie gehen am Friedhofseingang links herunter bis zum Ende der Friedhofsmauer, an der die Straße ansteigt. Am Ende des befestigten Weges beginnt die Beschilderung Petroglifos El Verde. Auf dem weiteren Weg wird La Fajana ausgewiesen. Festes Schuhwerk ist erforderlich. 🚶 Dauer ca. 1 Stunde

18.6 Centro de Visitantes de El Paso

Das moderne **Besucherzentrum [37]** Centro de Visitantes de El Paso des Nationalparks Caldera de la Taburiente bietet umfangreiche Informationen zu den Besonderheiten der Caldera, insbesondere zur Entstehung der Wolkenbänke, der geologischen Zusammensetzung und der besonderen Eigenschaften des Reliefs. Abbildungen gehen gezielt auf die außergewöhnliche Flora und Fauna ein. Zudem wird die Bedeutung des Feuers innerhalb des natürlichen Kreislaufs der Kanarischen Kiefernwälder erklärt. Ausstellungsstücke veranschaulichen die Besiedlungsgeschichte der Insel von den Ureinwohnern, über die Eroberer, bis hin zur heutigen Zeit.
Im angeschlossenen botanischen Garten des Zentrums erhalten Sie eine umfangreiche Übersicht über die artenreiche Fauna der Insel, in der die

fast 70 endemischen Pflanzen, die nur auf La Palma vorkommen, angepflanzt wurden.
⌚tägl. 9-18 Uhr, ⌂Carretera General de Padron,47- 38758 El Paso, Parken kostenlos. ⓘ Aktuell werden im Zentrum keine Parkplatzreservierungen für La Cumbrecita **[39]** vorgenommen. Im UG befinden sich Toiletten.

18.7 Ermita de la Virgen del Pino

In der kleinen Wallfahrtskirche wird die Jungfrau Maria, die als **Virgen del Pino [38]** - übersetzt Jungfrau der Kiefer- verehrt. Der Legende zufolge erschien am Anfang des 15. Jahrhunderts einem Soldaten des Eroberers Alonso Fernández de Lugo das Abbild der Heiligen Jungfrau in der mächtigen Kanarischen Kiefer, die auf dem Kirchvorplatz steht. Die Kiefer hat einen Durchmesser von 2,4m und eine Höhe von 32m. Untersuchungen zufolge wird das Alter auf 600 bis 800 Jahren geschätzt.
Erst Jahrhunderte später begann der Bau der Ermita, die im Jahr 1930 eingeweiht wurde.
Im Mittelpunkt des schlichten Alters steht die Heilige Jungfrau Maria mit dem Jesuskind auf dem linken Arm und einem Kiefernzweig in der rechten Hand. Jedes Jahr feiern die Palmeros am ersten Sonntag im September das Fest zu Ehren der Virgen del Pino. Alle 3 Jahre erreichen die Festlichkeiten ihren Höhepunkt mit der Bajada de La Virgen del Pino, bei der die Marienstatue in Begleitung von Gläubigen und Pilgern bis ins Stadtzentrum von El Paso getragen wird.
⌚Mo-Fr 9.30-17.30, Sa+So+Fei 10-14 Uhr, ⌂Calle Virgen del Pino, 38758 El Paso, LP-3 > Mirador de La Cumbrecita, nach 500m ausgeschildert

18.8 La Cumbrecita

Der fantastische Aussichtspunkt **La Cumbrecita [39]** liegt innerhalb des Nationalparks Caldera de Taburiente und ist aufgrund des Überblicks in das Innere der Caldera einer der schönsten Miradore der Insel. Die ausgeschilderte Straße führt zunächst an Weideland und Mandelbäumen vorbei. Durch einen dichten Pinienwald fahren Sie auf die Schranke des Kontrollhäuschen zu, von dem Sie nach Vorlage ihrer Reservierung auf den Parkplatz hochfahren. Von hier können Sie ihren Rundgang starten. Sie gehen den Parkplatz Richtung Bus/ Taxistand herunter und folgen dem breiten Weg, der zum beschilderten Mirador Lomo de Las Chozas und von dort zurück, zum Mirador de Los Roques führt. ⌂ LP- 302 der Ausschilderung La Cumbrecita folgen.
ⓘDie Parkplatzreservierung kann ausschließlich über das Internet unter: www.reservasparquesnacionales.es erfolgen. Sie wählen Caldera de Taburiente, klicken auf Parkplatzreservierung für private Fahrzeuge auf dem Aussichtspunkt Mirador de La Cumbrecita und wählen ein gewünschtes Datum mit Slot aus. Die Reservierung müssen Sie nicht ausdrucken, es reicht eine handschriftliche Notiz der Nummer aus, um

diese an der Schranke vorzuzeigen. Bitte beachten Sie, dass keine Toiletten vorhanden sind und festes Schuhwerk erforderlich ist. Ab 16.00 Uhr können Sie ohne Reservierung hochfahren. 🚗Alternativ bestellen Sie vom Besucherzentrum [37] ein Taxi zum Aussichtspunkt.

18.9 Palmex

Ein Geheimtipp für Kakteenliebhaber ist das privat geführte **Palmex [40]**. Auf einer Fläche von über 8000qm baut das schweizer Ehepaar Messmer in ihrem kleinen Paradies über 2000 Kakteenarten an. Seit nunmehr 9 Jahren lebt Herr Messmer seine große Passion für Kakteen aus und führt den Besucher gerne persönlich durch sein Anwesen.
🕒Di-Do 10-14 Uhr, bitte beachten Sie, dass die Öffnungszeiten unverbindlich sind, 💰Eintritt frei, Spende erbeten, ⌂ LP-2- KM46, Calle Santa Ana, 8- 38759 El Paso

Notizen…✎…

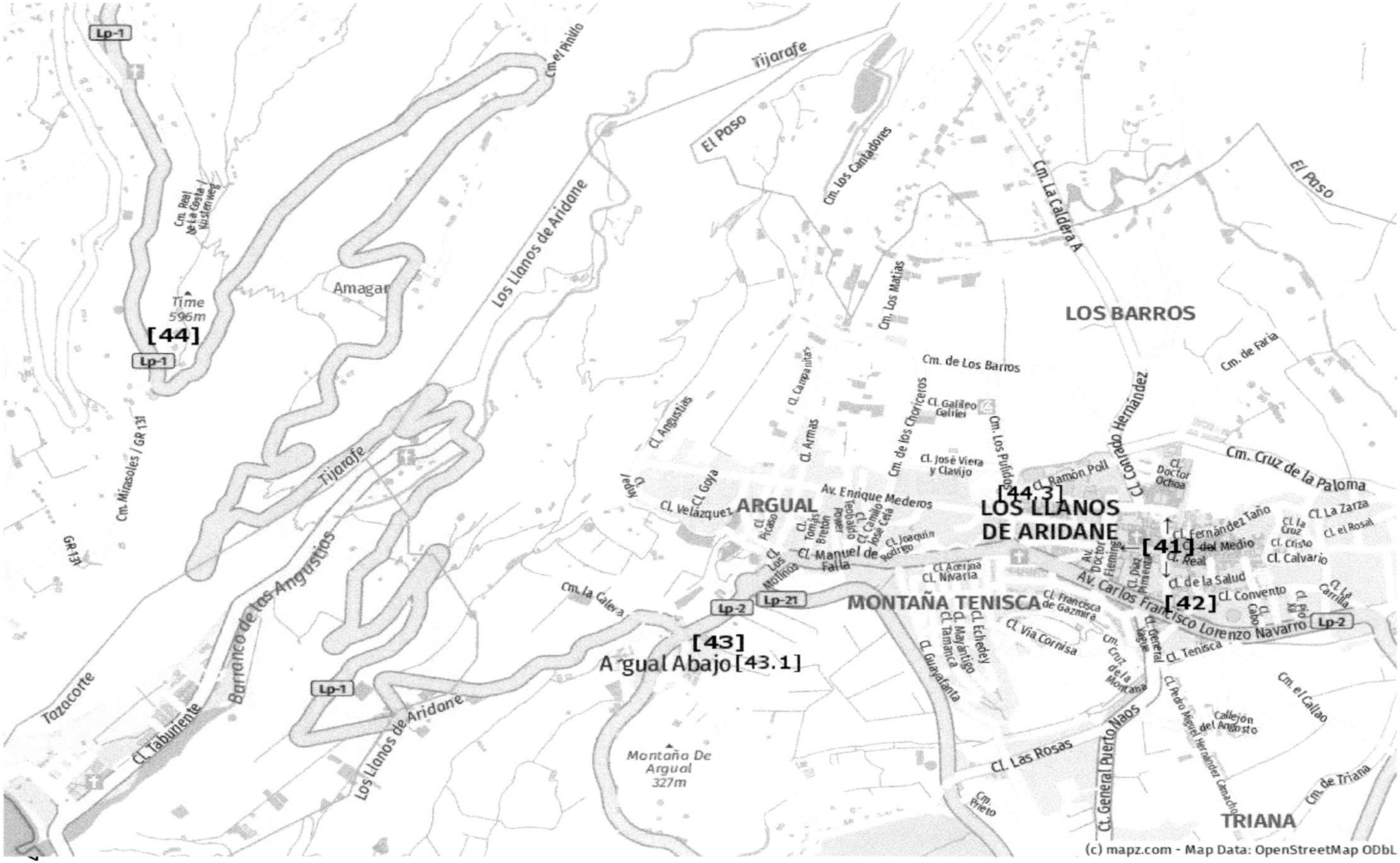
LOS BARROS
LOS LLANOS DE ARIDANE
ARGUAL
MONTAÑA TENISCA
TRIANA
Argual Abajo [43.1]
[43]
[44]
[44.3]
[41]
[42]
Time 596m
Montaña De Argual 327m
Amagar
Tazacorte
El Paso
Tijarafe
Los Llanos de Aridane
Barranco de los Angustias
Cm. La Caldera A
Cm. Cruz de la Paloma
Cl. Conrado Hernández
Av. Carlos Francisco Lorenzo Navarro
Av. Enrique Mederos
Cl. Manuel de Falla
Cl. Las Rosas
Cl. General Puerto Naos
Cl. Tabuiriente
Cm. Mirasoles / GR 131
Cm. de Los Barros
Cm. de los Choriceros
Cl. Angustias
Cl. Armas
Cl. Goya
Cl. Velázquez
Cl. Guayafanta
Cl. Tenisca
Cm. el Callao
Cm. de Triana
Cm. la Calera
Lp-1
Lp-2
Lp-21

19 LOS LLANOS DE ARIDANE

Die Gemeinde Los Llanos de Aridane wurde im Jahr 1812 gegründet und liegt 325 m über dem Meeresspiegel. Von den 14 Inselgemeinden ist sie mit 20.200 Einwohnern die einwohnerreichste Stadt der Insel.

Im Zentrum liegt die Plaza de España **[40.1]**, die ein beliebter Treffpunkt von Einheimischen und Residenten ist. Beeindruckend sind die 11 riesigen, schattenspendenden Lorbeerbäume, die den Platz umgeben. Die Setzlinge wurden im Jahr 1863 von Emigranten aus Cuba mitgebracht, um ihre Heimatstadt zu verschönern.

19.1 Iglesia Nuestra Señora de Los Remedios

Die dreischiffige Pfarrkirche **Iglesia Nuestra Señora de Los Remedios** wurde im 16. Jahrhundert erbaut und im laufe der Jahrhunderte mehrfach modifiziert. Im Inneren sind die Holzdecken im Mudéjar- Stil sowie der barocke Hauptaltar mit der Statue der Virgen de Los Remedios- die Jungfrau der Heilmittel, der Schutzpatronin der Gemeinde. ◑ Bei Drucklegung waren die Renovierungsarbeiten noch nicht abgeschlossen. ⌂ Plaza de España, 38760 Los Llanos de Aridane

19.2 Museo de Pintura en la Calle

Mit dem Begriff **Museo de Pintura en la Calle [41]**, dem Museum für Malerei auf der Straße, ist kein Museum im üblichen Sinn gemeint. Der Begriff bezieht sich auf große Gemälde, die an Gebäudefassaden in der Innenstadt von Los Llanos de Aridane angebracht wurden. Die 18 Gemälde sind bis zu 100qm groß und wurden von zeitgenössischen Künstlern gestaltet. ⌂ Innenstadt

19.3 Museo Arqueológico Benahoarita- Archäologiemuseum Benahoarita

Das archäologische Museum **Museo Arqueológico Benahoarita [42]** befasst sich mit der Geschichte und Kultur der Ureinwohner von La Palma, den Benahoaritas. Im Obergeschoss findet auf 900qm eine Dauerausstellung statt. Interessant sind die originalgetreuen Nachbildungen von 3 Hütten der Ureinwohner aus dem Dorf im Barranco de Las Ovejas aus El Paso, sowie ausgestellte Gegenstände des täglichen Gebrauchs.

Von besonderer Bedeutung sind die kunstvoll bearbeiteten Keramikgegenstände, die in die Zeit der ersten Besiedlung der Insel, bis hin zur Eroberung im 15. Jahrhundert in 4 Zeitabschnitte mit Unterabschnitten eingeteilt wurden. So bezieht sich zum Beispiel die Phase IA auf Fundstücke aus 200 v. Chr.- 400 n. Chr.

Am Ende des Rundgangs wird auf die Bestattungsrituale der Ureinwohner mit der Nachbildung einer Beisetzungshöhle eingegangen. Dieser Bereich wird durch eine aufgebahrte Mumie komplettiert.

Im Erdgeschoss finden Wechselausstellungen statt. Im angrenzenden Souvenirshop können zertifizierte Handwerksarbeiten der Inselkünstler erworben werden.

⌚Mo-Fr 9-20, Sa 9-13.30 Uhr, So+Fei geschlossen, 4,00 €, Jugendliche unter 18 Jahren und Rentner über 65 Jahren (Ausweis) frei. ⓘErmäßigtes Kombiticket mit dem Museo Insular in Santa Cruz an der Kasse erhältlich.
⌂Calle Las Adelfas, 1 – 38760 Los Llanos de Aridane

19.4 Parque Antonio Gómez Felipe

Der kleine botanische Garten Parque Antonio Gómez Felipe **[43]** liegt unweit der Innenstadt von Los Llanos de Aridane. Er wurde im Jahr 1958 eingeweiht, und nach langen Umbauarbeiten im Jahr 2010 neu eröffnet. Für die Neugestaltung war der palmerische Künstler Luis Morera zuständig, der in beeindruckender Weise bizarr geformte Lavabrocken mit überwiegend endemischen Pflanzen zu einer harmonischen Gesamteinheit verknüpfte. Unterhalb des Haupteingangs stehen 2 überdimensional große Statuen von Geckos. Aus kleinen Mosaiksteinen wurden schöne Bodenflächen gestaltet. Ebenfalls sehenswert ist der kleine Wasserfall aus

Lavasteinen. ◐Der Künstler Luis Morera gestaltete auch die sehenswerte Plaza de La Glorieta in Las Manchas.
⌚Di-So 10-20 Uhr, ▮Eintritt frei, ⌂Carretera Puerto Naos A,5- 38767 Los Llanos

19.5 Artefuego La Palma- Kunst-Glashütte

Im Ortsteil Argual befindet sich das von der LP-2 Richtung Tazacorte ausgeschilderte Artstudio/ **Artefuego [44]**, indem Glasobjekte nach traditioneller Glasmacherhandwerkskunst angefertigt werden. Jeden Sonntag finden durch Dominic Kessler und Wladyslaw Gozdz Live-Vorführungen statt. Aus nächster Nähe können Sie den Herstellungsprozess der individuellen, mundgeblasenen Objekte verfolgen, die von den Künstlern schrittweise erklärt werden. Nach eigenen Angaben stellen sie weltweit einmalig Lavagestein in Bleikristallglas her. ◐Kreditkartenzahlung möglich, weitere Infos unter: www.artefuego.com ⌚ Verkauf: Mo-Sa 10-14 Uhr, Do geschlossen. Vorführungen sonntags ab 10.30- 13.30 Uhr im 30-min. Takt. ⌂ Plaza de Sotomayor, 29- 38768 Los Llanos de Aridane
Tipp: Verbinden Sie den Besuch bei den Glasbläsern mit dem großen Sonntags- Flohmarkt, der auf dem Platz vor dem Atelier stattfindet.

19.6 Mirador El Time

Die Straße von Los Llanos nach Tijarafe führt am Aussichtspunkt **Mirador El Time** [44.2] vorbei, an dem Sie unbedingt einen kurzen Stopp einlegen sollten. Von der Plattform genießen Sie einen grandiosen Ausblick über die Westküste, das Aridane- Tal und den Nationalpark La Caldera de Taburiente. Bei klarer Sicht sehen Sie die kleine Nachbarinsel El Hierro. ⌂ LP-1, Km 93

19.7 Plaza Mercado

Hinter zwei riesigen, schattenspendenden indischen Lorbeerbäumen liegt die kleine Markthalle Plaza Mercado [44.3]. Angeboten werden lokale Produkte wie Obst, Gemüse, Wein, Käse, Gebäck, gegrillte Hähnchen und fangfrischer Fisch. Im hinteren Teil des Gebäudes befindet sich eine Bar, die neben Getränken auch belegte Baguettes (Bocadillos) frisch zubereitet.
⌚Mo-Fr 6-14.30+ Sa 6-15.00 Uhr, ⌂-*- 38760 Los Llanos de Aridane

Notizen...✐...

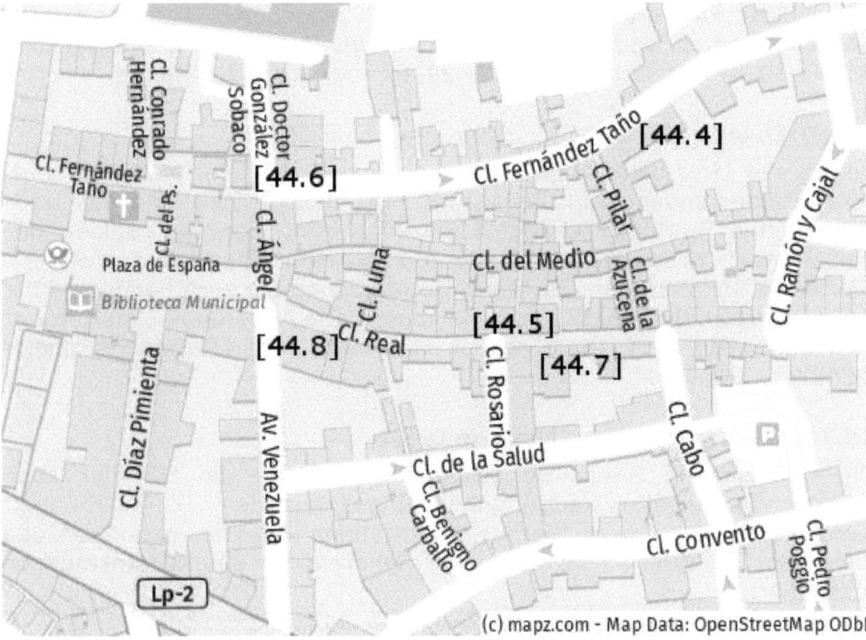

19.8 Jabones artesanales Maday de La Palma

Naturseifen Maday [44.4] ist die einzig anerkannte Kunsthandwerkstatt für Naturseifen auf La Palma. Die deutsche Inhaberin Daniela Drose betreibt im hinteren Teil des Verkaufsladens ihre Werkstatt seit 2019. Sie stellt mit Herz und Leidenschaft Seifen in unterschiedlichen Farben, Formen und Düften her und berät die Kunden persönlich. Für die Herstellung der Seifen verwendet sie inseltypische Zutaten wie Aloe Vera aus ihrem Garten, frische Ziegenmilch, Meersalz aus den Salinen von Fuencaliente, Mandel- und Avocadoöl, sowie vulkanische Heilerde. Alle Seifen werden in sorgsamer Handarbeit ohne Palmöl hergestellt.
Übrigens: Frau Drose nannte ihr Geschäft bewusst nach einem Wort der Ureinwohner der Insel. Maday bedeutet "Amor profundo"- tiefe Liebe.
➀ www.naturseifenmaday.com, ➁ Mo-Fr 10-14 Uhr, ⌂Calle Fernández Taño,48- 38760 Los Llanos de Aridane

19.9 Atelier El Tesoro

Die deutsche Goldschmiedin Anna Joos [44.5] fertigt in ihrem kleinen Atelier mit angrenzender Werkstatt schönen Silber- und Goldschmuck, der mit Edelsteinen wie beispielsweise Peridot, Topas, Citrin oder Aquamarin verziert ist. Nachhaltiges Arbeiten wird in ihrem Atelier großgeschrieben. Sie bezieht Edelsteine und Edelmetalle von weltweit zertifizierten Lieferanten, die das Fairtrade Siegel aufweisen. Die

Schmuckstücke werden bereits ab 25,00 € angeboten. Auftragsarbeiten werden innerhalb von 2-4 Tagen angefertigt. ⓘwww.ateliereltesoro.com, ⏲Di-Fr 10-14 Uhr, ⌂Calle Real, 23- 38760 Los Llanos de Aridane

19.10 Diseño Moda

Bereits seit 1992 betreibt Sabine Fieting [44.6] die kleine Mode Boutique. Ihre Stammkunden sind begeistert von ökologischen und fair-trade produzierten Stoffen. Hier finden Sie auch Hanf-, Leinen-, Seide-, und Biobaumwoll- Kleidung. Die Inhaberin bietet eine Stilberatung sowie ein "Personal- Shopping" an. Zu Ihrem Outfit können Sie auch handgemachte Taschen und individuellen Schmuck kaufen. Die Änderungsschneiderei ist kostenlos. ⏲Mo-Fr 11-14/ 17-20, Sa 11-14 Uhr, ⌂Calle Fernandez Taño,1- 38760 Los Llanos de Aridane

19.11 Galería de Arte García de Diego

Die Kunstgallerie García de Diego [44.7] wurde im Sommer 2016 eröffnet. In einem restaurierten Stadthaus aus dem 16. Jahrhundert werden auf 300 qm in Wechselausstellungen Arbeiten nationaler und internationaler Künstler verschiedener Generationen und Kunstrichtungen präsentiert.
ⓘwww.galeriagarciadediego.com, ⏲Mo-Sa 11-14.30/ 18-21.30 Uhr, 💰 frei, ⌂Calle Real,48- 38760 Los Llanos de Aridane

19.12 Relojería y Tabacería La Palma

Im Herzen von Los Llanos treffen Sie auf das Uhren- und Tabakwaren-Fachgeschäft La Palma [44.8]. Neben einer Auswahl an Armbanduhren, Lava-, Gold- und Silberschmuck, steht ein großes Sortiment an Zigarren und Cigarillos zur Verfügung: Puro Julio, Kolumbus, Puro Richard, Vega Ferrera, Puros Cruz, La Rica Hoja, La Regenta (Gran Canaria) und Condega (Nicaragua).
⏲Mo-Fr 10-14/ 17-20, Sa 10-14 Uhr, ⌂Ecke Avenida Venezuela/ Calle Real- 38760 Los Llano de Aridane

19.13 Rastro Argual Abajo Los Llanos- Flohmarkt Argual Abajo

Jeden Sonntag findet auf dem gut besuchten Platz Plaza de Soto Major der Flohmarkt Rastro Argual Abajo [44.1] statt. Palmeros, Aussteiger, Alt- und Neu- Hippies bieten neben Handwerksarbeiten auch alles an, was sie nicht mehr brauchen. Ein interessanter Mix, der mit Imbissbuden komplettiert wird.
⏲So 9-14 Uhr, ⌂Calle San Antonio,6- 38768 Los Llanos de Aridane

19.14 Diseño de Joyas Ina Irmen

Die deutsche Schmuckdesignerin Ina Irmen fertigt bereits seit über 12 Jahren mit Leidenschaft individuelle Schmuckunikate an. Neben Lavasteinen werden auch Perlen aus aller Welt verarbeitet. Alle Produkte sind antiallergen. ⓘDie Exponate können ausschließlich auf dem Sonntagsmarkt in Los Llanos de Aridane erworben werden. Ihr Stand befindet sich kurz vor der Glasbläsermanufaktur. Tipp: Die Designerin arbeitet auch Ihre alten Perlen zu neuen Unikaten auf.
🕒 So 9-14 Uhr, ⌂ Calle San Antomio,6- 38768 Los Llanos de Aridane

19.15 Anne M.

Die deutsche Auswanderin Anne Müller lies sich bei einem Kaffeetrinken von einer Freundin zu einer neuen Geschäftsidee inspirieren: Gebrauchsgegenstände aus alten Kaffeetüten zu fertigen. Sie sammelte unterschiedlichste Kaffee- Umverpackungen und verarbeit diese zu einzigartigen, hochwertigen Unikaten. Angeboten werden Smartphone- und Pad- Hüllen, Notizböcke und vieles mehr.
ⓘAufgrund von Covid-19 bietet die Künstlerin ihre Arbeiten nicht mehr auf dem beliebten Sonntagsmarkt in Los Llanos- Rastro Argual an. www.annemlapalma.com

20 TIJARAFE

Die Gemeinde mit rund 2.700 Einwohnern liegt zwischen Los Llanos de Aridane und Puntagorda. Sie ist landwirtschaftlich geprägt und gehörte bereits im 17. Jahrhundert zu den größten Getreideproduzenten der Insel. Der Besucherstrom ist überschaubar, da keine Strände existieren.

20.1 Iglesia de Nuestra Señora de La Candelaria

Über einen großen Vorplatz mit wuchtigen indischen Lorbeerbäumen gelangen Sie zur Pfarrkirche **Iglesia de Nuestra Señora de La Candelaria [45]**, die zwischen dem 17. und 18. Jahrhundert erbaut wurde.
Auf der Rückseite befindet sich der mit Vulkansteinen gefertigte Glockenturm aus dem Jahr 1686. Einzigartig ist die Außentreppe vor dem Turm, die auf einen kleinen Balkon führt von dem aus die Glocken bedient werden. Im Mittelpunkt der einschiffigen Kirche steht der vergoldete Hauptaltar mit Altarbildern, den 12 Aposteln und der Büste der Heiligen Nuestra Señora de La Candelaria- unserer lieben Frau von Candelaria.
🕒Tägl., ⌂Glockenturm: Calle Pista Lomo1, Haupteingang: Plaza de La Candelaria, 8- 38780 Tijarafe

20.2 Casa de La Décima- Haus des Zehnten

Das schlichte weiße Gebäude **Casa de La Décima** mit braunen Fenstern und Türen war Sitz des ersten Rathauses und der ersten Schule der Stadt. Nach einer aufwendigen Renovierung soll es künftig als Museum genutzt werden. ⏀Bei Drucklegung standen noch keine Einzelheiten zur Verfügung, ⌂ Calle Géneral Franco, 3- 38780 Tijarafe

20.3 Museo Etnografico del Traje- José Luis Lorenzo Barreto- Ethnographisches Museum für Trachten

Das kleine Trachtenmuseum **Museo Etnografico del Traje [46]** befindet sich in der 1. Etage des alten Rathauses, indem im Erdgeschoss aktuell die Biblioteca Municipal, die Stadtbibliothek untergebracht ist. In 2 Räumen werden die vielfältigen inseltypischen Stick- und Schneiderarbeiten in Form von Kleidungsstücken ausgestellt, die sowohl bei der Feldarbeit, Festivitäten und anderen besonderen Anlässen getragen wurden und werden. Die Kleidung wurde aus Leinen, Wolle und lokal gefertigten Seidenstoffen hergestellt. Ausgestellte Schmuckstücke komplettieren die Sammlung. ⏲Mo, Mi+Fr 9.30-13.30 Uhr, 💰frei, ⌂Calle Real, 4- 38780 Tijarafe

20.4 Casa del Maestro- Haus des Lehrers

Das **Casa del Maestro [47]**, das damalige Haus des Lehrers wurde im traditionell kanarischen Stil erbaut. Es dient als Etnographisches Museum und Touristeninformation. Vom Innenhof mit einer unterirdischen Wasserversorgung, der sogenannten Aljibe, gehen fünf Wohnräume ab, in denen die Fassetten des einstigen Alltagslebens in der Stadt ausgestellt werden. Zudem sehen Sie eine kleine Dauerausstellung, die dem Danza del Diablo **[47.1]**, dem Tanz des Teufels gewidmet ist. ⏲Mo-Fr 8-14 Uhr, ⌂ Calle Real, 11- 38780 Tijarafe

20.5 Danza del Diablo- Tanz des Teufels

Inzwischen nehmen jährlich mehr als 8.000 Menschen am Tanz des Teufels **[47.1]** teil, der in der Nacht vom 07. auf den 08. September auf der Plaza de La Candelaria zelebriert wird. Die Dorfbewohner folgen einer langjährigen heidnischen Tradition, in der sie den Sieg des Guten über das Böse feiern. Im frühen Morgengrauen taucht der bösartige feuerspeiende Teufel plötzlich auf und heizt die versammelte Menschenmenge an. Sein Auftritt, der von pyrotechnischen Feuern begleitet wird, endet nach einer halben Stunde mit der Explosion des Teufelkopfes. Wie es anders nicht sein könnte, siegt somit das Gute über das Böse, das Licht über die Dunkelheit und auch die Tugend über die Sünde.

Diese Aktivität wurde im Jahr 1923 ins Leben gerufen und wurde im Jahr 2011 zur touristischen Sehenswürdigkeit der Kanarischen Inseln seitens der Inselregierung erklärt. Im Anschluss an den Teufelstanz beginnen direkt am 08. September die Patronatsfeste in der Kirche Iglesia de Nuestra Señora de La Candelaria.

20.6 Gockelbrot

Seit 1994 backt Marion Deuter täglich frisches Vollkornbrot. In ihrer kleinen Manufaktur produziert sie in 4 Öfen Weizenvollkornbrote mit verschiedenen Körnern, Mandel-, Mohn-, Leinsamen-, Roggen-, Weizen- und Dinkelbrot.

ⒾIm kleinen Selbstbedienungsladen liegen die eingetüteten Brote mit Preisauszeichnung aus. Zudem können Sie auch weitere inseltypische Produkte kaufen. Nur Barzahlung möglich. Die Brote werden auch in El Paso in den Naturkostläden Alegria und El Campo, in La Laguna im Bio Cañana, in Los Llanos im Botica Verde, in Tijarafe im Vida Sana sowie in Puntagorda im Calabaza verkauft.

⌚Mo-Sa 9-20, So 12-20 Uhr, ⌂ LP-1, km 91-92, 38780 Tijarafe >>Am Straßenrand weist ein kleines gelbes Schild mit der Aufschrift "Vollkornbrot- Pan Integral" auf Gockelbrot hin.

Notizen…✐…

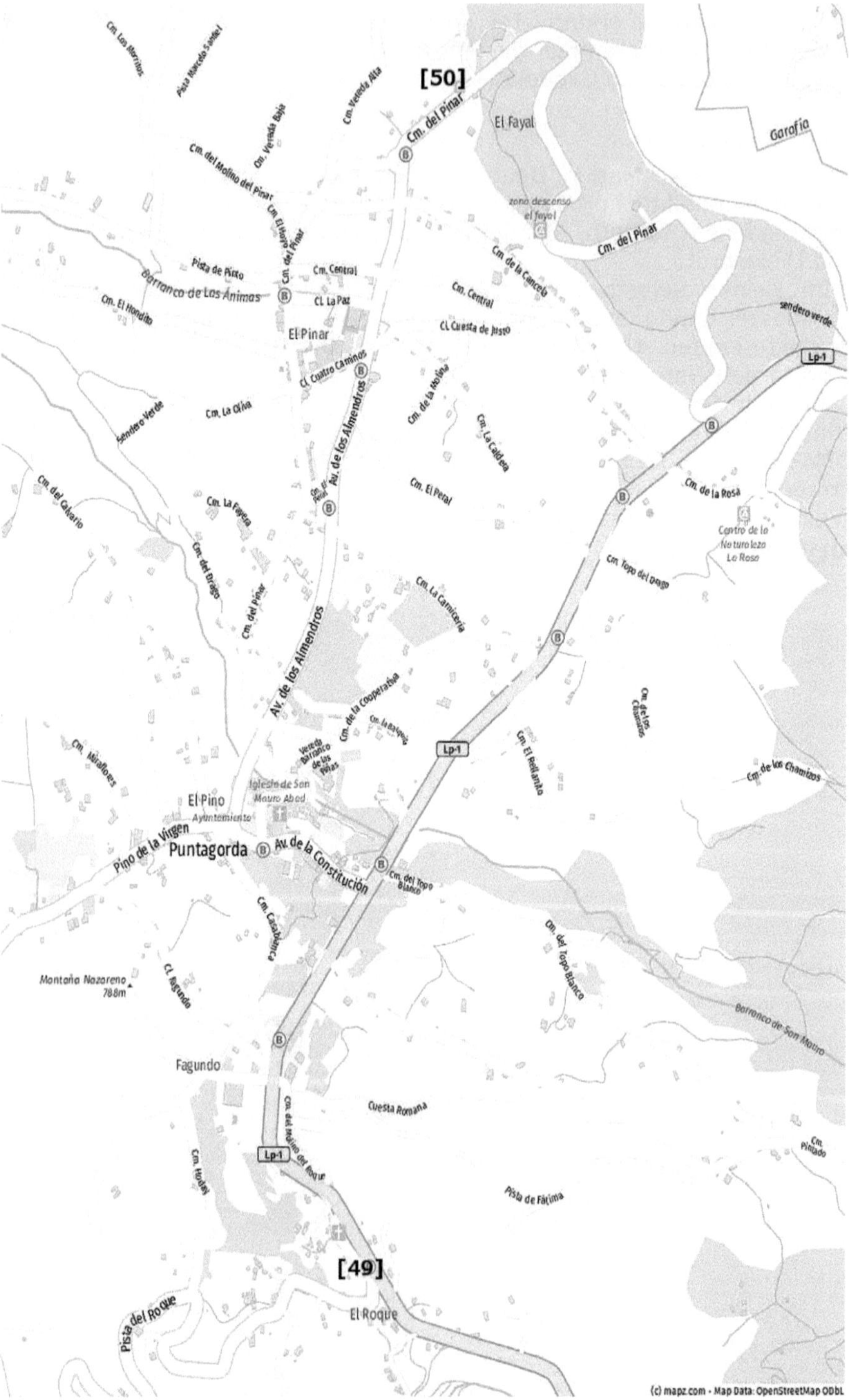
[50]
Cm. del Pinar
El Fayal
Garafía
zona descanso el fayal
Cm. de la Cancela
Cm. Central
Cl. Cuesta de Justo
sendero verde
Lp-1
Pista de Pinto
Barranco de Los Ánimas
Cm. El Hondito
Cl. La Paz
El Pinar
Cl. Cuatro Caminos
Av. de los Almendros
Cm. de la Molina
Cm. La Caldera
Sendero Verde
Cm. La Oliva
Cm. El Peral
Cm. de la Rosa
Centro de la Naturaleza La Rosa
Cm. del Calvario
Cm. La Fayera
Cm. del Drago
Cm. Topo del Drago
Cm. del pinar
Cm. La Carnicería
Cm. de la Cooperativa
Cm. El Reifamato
Cm. de los Chamizos
Cm. Miraflores
Iglesia de San Mauro Abad
El Pino
Ayuntamiento
Pino de la Virgen
Puntagorda
Av. de la Constitución
Cm. del Topo Blanco
Cm. Casablanca
Montaña Nazareno 788m
Cl. Fagundo
Barranco de San Mauro
Fagundo
Cuesta Romana
Cm. del Molino del Roque
Cm. Pintado
Cm. Hoyas
Pista de Fátima
[49]
Pista del Roque
El Roque
(c) mapz.com - Map Data: OpenStreetMap ODbL

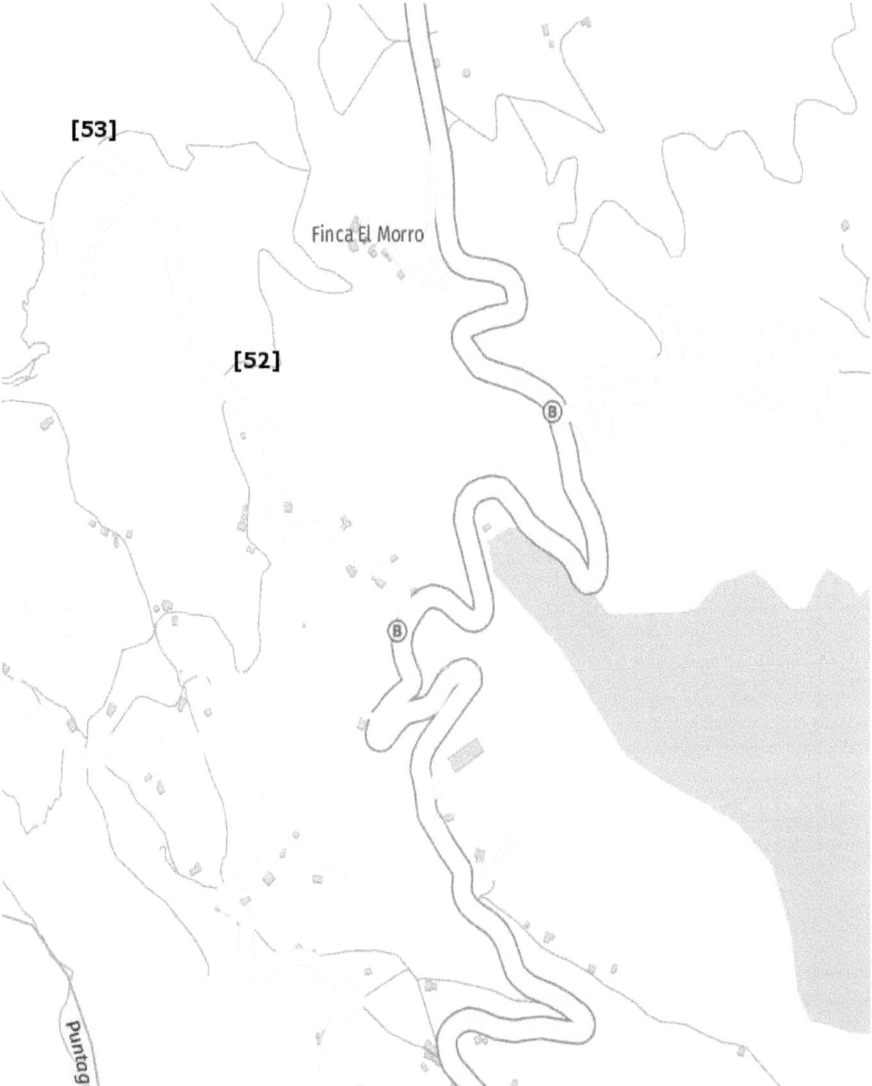

[53]
Finca El Morro
[52]
Puntagorda
Las Tricias
Cmt. Relvalarga
Garafía
Nuestra Señora del Carmen
[51]
(c) mapz.com - Map Data: OpenStreetMap ODbL

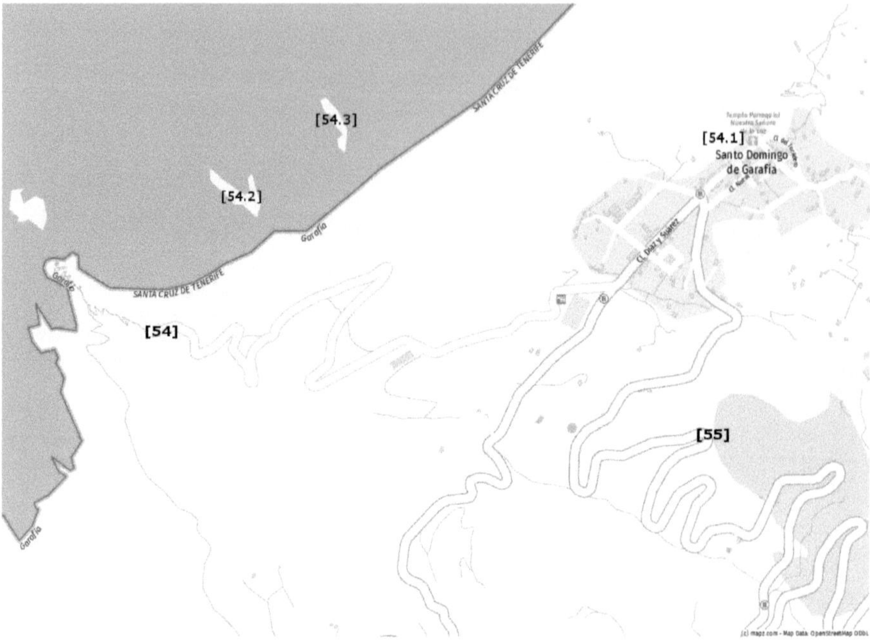
[54.3]
[54.2]
[54]
[54.1]
Santo Domingo
de Garafía
[55]
SANTA CRUZ DE TENERIFE
Garafía
CL Díaz y Suárez

Llano Negro
LP-1
[56]
La Mula
Hoya Grande
CL Don Pedro

21 PUNTAGORDA

Die überschaubare Gemeinde mit 2000 Einwohnern ist in eine hüglige Landschaft eingebettet, die von vielen Mandelbäumen geprägt ist. Jährlich wird das Mandelblütenfest Fiesta del Almendro en Flor im Stadtteil El Pinar gefeiert. Bereits seit dem Jahr 1977 finden am letzten Wochenende im Januar, bzw. am ersten Wochenende im Februar, je nach Blütezeit der Mandelbäume, die Feierlichkeiten statt. Neben kulturellen und sportlichen Aktivitäten treten Musik- und Tanzgruppen auf. Die Besucher werden mit salzigen Mandeln und Landwein verköstigt.

21.1 Mirador Los Dragos

Am Aussichtspunkt **Mirador Los Dragos [49]** sehen Sie einen uralten vom Wind gekrümmten Drachenbaum und gelangen über einen Weg zu einer Aussichtsplattform mit einem schönen Blick auf die Schlucht El Roque. ⌂ LP- 1- km 79, 38789 Puntagorda

21.2 Mercadillo de Puntagorda

Im Waldgebiet von El Fayal befindet sich bereits seit dem Jahr 2002 der beliebte Bauernmarkt **Mercadillo de Puntagorda [50]**, der am Wochenende der absolute Anlaufpunkt für Residenten und Touristen ist. Direkt vom Erzeuger wird für den Verbraucher eine breite Palette an Lebensmitteln, die teils aus ökologischem Anbau stammen angeboten: Obst, Gemüse, Fleisch, Käse, Honig, Wein, traditionelle Backwaren und Mojos. Handgemachte Souvenirs runden das üppige Angebot ab.
🕒Sa 15- 19, So 11- 15 Uhr, ⌂Camino El Pinar, 56 A, 38789 Puntagorda/ LP-1 Richtung Tijarafe, nach der Repsol Tankstelle ist der Weg zum Markt ausgeschildert, ⓘAufgrund des massigen Andrangs empfiehlt es sich bei der Pkw- Anreise eine Stunde vor Öffnung des Marktes anwesend zu sein, um einen Parkplatz zu finden. In der Zwischenzeit können Sie sich bereits in der kleinern Tapasbar auf der linken Seite der Halle verköstigen lassen. Auf der linken Seitenseite oberhalb der Markthalle können Sie von 3 hintereinander gelegenen Aussichtsplattformen, den sogenannten Miradores, eine grandiose Sicht über die Küstenlandschaft und auf den Atlantik genießen.

21.3 ABC- Keramik

Bereits seit 2006 fertigt die deutsche Keramikdesignerin Alke Block hochwertiges Keramikgeschirr und moderne Einzelstücke an. Die Künstlerin lässt sich durch ihre Leidenschaft zu La Palma leiten. Für die aktuelle rote Glasur lies sie sich von den Sonnenuntergängen auf der Insel inspirieren.
ⓘAuf Nachfrage werden Einzelstücke angefertigt. Ein Besuch in ihrer Werkstatt in La Punta ist nach Absprache auch möglich: www.abc-keramik.com, 🕒Sa15-19+ So11-15 Uhr, ⌂Mercadillo de Puntagorda

22 LAS TRICIAS

Das Mini- Örtchen zählt gerade einmal 245 Einwohner und gehört zur Gemeinde Garafía.

22.1 Iglesia de Nuestra Señora del Carmen

Im Zentrum des verschlafenen Ortes Las Tricias steht die Kirche **Iglesia de Nuestra Señora del Carmen [51]**, die trotz antiker Fassade, erst im Jahr 1951 eingeweiht wurde. Im Gebäude links daneben befindet sich die Touristeninformation mit angrenzender Kunsthandwerkerausstellung, in der die wechselnden Exponate zum Kauf angeboten werden. Hinter der Kirche liegt in der ehemaligen Mühle La Tahona, ein weiteres Kunsthandwerkszentrum, indem Sie Schmuck, Leder- und Töpferwaren kaufen können. , ⏲Touristeninfo + Kunsthandwerkszentrum Mo-Fr 10-17, Sa+So 10.30-14.30Uhr, La Tahona Mo-Sa 14-18.30 Uhr, ⓘDie Kirche ist nur zur Sonntagsmesse geöffnet. Alternativ erhalten Sie kostenfrei den Kirchenschlüssel auf dem darunterliegenden Platz im Kiosko El Ricón. (Ich möchte den Schlüssel für die Kirche = Quiero la llave para la iglesia / ausgesprochen: Kiero la jawe para la iglesia), ⌂LP- 1→ LP- 114.

22.2 Museo de Interpretación del Gofio- MIGO- Gofiomuseum

Das **Interpretationsmuseum MIGO [52]** wurde im Jahr 2016 in der alten Mühle von Las Tricias eingeweiht und erklärt Ihnen anschaulich alles Wissenswerte über die Gofio- Herstellung.

Die geschichtsträchtige Windmühle war von 1908 bis 1953 in Betrieb.

Im Jahr 1915 wurde auf der Suche nach besseren Windverhältnissen und somit effektiverer Leistung der Standort auf einem Einfamilienhaus auf den Montaña del Molino, dem Berg der Mühle, verlegt.

Die damaligen Besitzer verkauften die Mühle an den Zimmermann Antonio Acosta Rodriguez, der mit seinem Sohn und seinem Enkel sowohl die Müllerarbeiten, als auch die Schreinerarbeiten in Form von Reparaturen über 3 Generationen durchführte.

Je nach Windverhältnissen mahlten Vater und Sohn das Getreide rund um die Uhr. Aufgrund der erhöhten privilegierten Lage wussten die Bauern, wenn sie die Windmühlenflügel in Betrieb sahen, dass sie das Getreide zur Mühle bringen mussten. Hatte der Müller das angehäufte Getreide fertig gemahlen, blies er ins Bucio, ein Horn mit einer großen Muschel, um zu signalisieren, dass das Malgut abholbereit war. Im Jahr 1945 kaufte der Müller einen Motor und nutzte zunächst beide Mittel um zu mahlen, bis er letztlich 1954 komplett auf den Motorantrieb umstellte, was zu optimalen Resultaten führte. Jedoch waren sich alle Bauern einig, dass der Gofio aus der windbetrieben Molina besser war, als der aus der motorbetriebenen Variante.

Damals waren die Molinos beliebte Treffpunkte für Klatsch und Tratsch, als man die windstille Zeit abwarten musste, bis das geröstete Korn zu

Gofio gemahlen wurde, um es nach Hause zu bringen. Um Brot für Festlichkeiten zu backen, wurde nur ungeröstetes Getreide gemahlen. Hierzu legte der Müller immer nur einen bestimmten Tag fest, da die Mühlsteine vor und nach der Verwendung gereinigt werden mussten. Durch Mundpropaganda verbreiteten sich diese Termine wie ein Lauffeuer unter den Bauern, die sich freuten, dass ausnahmsweise weißes Mehl statt Gofio hergestellt wurde.
Seit dem Jahr 2000 ist die Mühle im Besitz der Stadt Villa de Garafía, die die Restaurierung und den Umbau zum Museum veranlasste.
ⓘEin traditionelles Rezept aus dem MIGO zur Herstellung der süßen Nachspeise PELLA DULCE: 250 g Gofio, 100 ml Wasser, 50 ml Sonnenblumenöl, 100 g Honig, 50 g Rosinen, 100 g zerkleinerte Mandeln, geriebene Zitronenschale. Zutaten verkneten und abschmecken. Die Masse zu einer Rolle, der sogenannten PELLA formen und 1 Stunde kaltstellen. In Scheiben schneiden und mit etwas Honig übergießen.
🕒Mo-Sa 10-18, So 10-16 Uhr, 💰 2,50 €, Kinder bis 12J. frei, ⌂ Calle El Polvillo- 38788 Las Tricias

22.3 Buracas

Buracas [53] ist eine pre- hispanische Siedlung und befindet sich im unteren Teil der Schlucht Barranco del Corchete. Sie besteht aus mehreren natürlichen Höhlen, deren größte Höhlenansammlung sich über die Höhe eines ganzen Berghangs erstreckt. Bis heute werden einige Höhlen als Wohnung, Stall, etc. genutzt, da in der Nähe zwei Wasserquellen vorhanden sind. Entdecken können Sie auch Petroglyphen mit geometrischen Motiven wie Spiralen und Wellenlinien, die von den Ureinwohnern in Stein geritzt wurden. Das gesamte Gebiet ist von unzähligen Drachenbäumen übersäht. Keine kleine Rast kann im ausgeschilderten Bio Café Finca Aloe eingelegt werden. Angeboten werden vegetarisch- vegan- biologische Gerichte und Getränke, die frisch zubereitet werden. Die Lebensmittel stammen in erster Linie aus dem eigenen Garten oder aus fairem Handel. 🕒Tägl.12-17 Uhr, ⌂Buracas,59. Entlang des Wegesrandes bieten einige ansässige Bewohner vor ihren Häusern gebrannte Mandeln, Schmuck und sonstige Handarbeiten zum Kauf an. Da kein Verkäufer anwesend ist, vertraut man auf die Ehrlichkeit der Kunden, die das Entgelt in Boxen legen sollen. ⌂ Die Straße Calle el Polvillo fahren Sie am Gofiomuseum bis zum Ende herunter, von dort folgen Sie dem Fußweg.

23 SANTO DOMINGO DE GARAFÍA

Der hinterwäldlerische Hauptort der Gemeinde Garafía liegt 400 m über dem Meeresspiegel zählt um die 500 Einwohner. Bis zum Anschluss an das Straßennetz im Jahr 1960 war der Ort nur per Schiff erreichbar. Im Zentrum befindet sich der kleine Dorfplatz, die Plaza Baltazar Martín mit

der angrenzenden Kirche Iglesia de Nuestra Señora de La Luz [54.1], die Mitte des 16. Jahrhunderts erbaut wurde. Sehenswert sind die prächtigen Kassettendecken im Mudéjar- Stil, das grün glasierte Taufbecken, der Hauptaltar mit der Skulptur der „Lieben Frau des Lichts" sowie die angrenzenden Barockaltäre. Mirador El Serradero
Die sich verjüngende Serpentinenstraße führt von Santo Domingo de Garafía zum Puertito de Santo Domingo- übersetzt- dem kleinen Hafen- der jedoch kein Hafen, sondern die Aussichtsplattform des Mirador El Serradero [54] ist. An der schroffen Küste genießen Sie einen wunderbaren Ausblick auf die Felsen Roque de las Tabaibas [54.2] und Roque del Guichino [54.3] ⌂ LP-1, LP- 112 oder LP- 114, dann auf die LP-1141 und dem Straßenverlauf folgen.

23.1 Mirador La Paz en el Mundo

Der Aussichtspunkt **Mirador La Paz en el Mundo [55]** wurde im Juli 2018 eingeweiht. Im Mittelpunkt steht die Skulptur eines Globuses, auf dem sich ein Nest mit einer Taube befindet. Sie ist ein Geschenk des Künstlers Eleno Martín Expósito an seinen Heimatort Villa de Garafía. In der eingelassenen Bodenplatte steht: "La Paloma, simbolo de La Paz, haciendo el nido sobre el mundo está enviando un mensaje de paz a toda la humanidad"- "Die Taube, Symbol des Friedens, baut das Nest über der Welt und sendet eine Friedensbotschaft an die ganze Menschheit". ⌂ LP 112- Garafía> Barlovento

23.2 Mirador Tanausú

Der schlichte Aussichtspunkt Mirador Tanausú ist eine Hommage an den letzten König der Guanchen von La Palma. Bis zur Eroberung der Spaniener herrschte Tanausú über das Königreich Acero, das der heutigen Caldera de Taburiente entspricht. Bei dem Eroberungsfeldzug durch den katalanischen Anführer Alonso Fernandez de Lugo wurde Tanausú gefangen genommen und nach Spanien deportiert. Seine letzten Worte vor dem Tod sollen gewesen sein: "Vacaguaré"- "ich will sterben".
Auf La Palma tragen Straßen, Unternehmen, Produkte und Skulpturen den Namen des letzten Guanchenkönigs. Dazu zählt unter anderem die frei gestaltete Steinskulptur in Form eines Kopfes vor dem Kulturpark Parque Cultural La Zarza in Villa de Garafía. ⌂ LP 112- Garafía> Barlovento

24 Parque Cultural La Zarza

Der Kulturpark **La Zarza und La Zarzita [56]** ist eine der bekanntesten archäologischen Fundstätten der Insel, die erst im Jahr 1941 entdeckt wurden. Es handelt sich um geheimnisvolle Felsritzungen der Ureinwohner. Mitten im dichten und feuchten Kiefer- und Lorbeerwald entdeckten sie zwei Quellen, in deren Nähe die Ureinwohner Muster in die

Felsen ritzten, dessen Bedeutung bis heute nicht entschlüsselt werden konnte. Zum Park gehört ein kleines Besucherzentrum, das über die Kultur der Benahoritas informiert. Der Weg zu den Felsritzungen beginnt rechts neben dem Besucherzentrum. Sie gehen durch das Eisentor und folgen den Pfeilen am Wegesrand. In La Zarza treffen Sie auf 29 Steinplatten mit Felsritzungen in Form von Spiralen, Kreisen und Mäandern, sowie einfache Linien und deren Kombinationen. Es wird angenommen, dass La Zarza ein heiliger Zufluchtsort der Benahoritas war, um kollektive Rituale abzuhalten und die notwendigen natürlichen Ressourcen des täglichen Lebens wie Wasser und Futter für die Nutztiere zu gewinnen. 18 weitere Steinplatten sehen Sie in La Zarzita, von denen unterschiedlich große Mäanderformen, im Gegensatz zu La Zarza, überwiegen. Letztlich stoßen Sie in La Zarzita II erneut auf 2 Paneele, die sich unter einer dicken Moos- und Flechtenschicht befinden.
Di-So 11-17 Uhr, Mo geschlossen, 2,00 €, ⌂Carretera General, LP 1-km 59, 38728 Garafía

Notizen…✐…

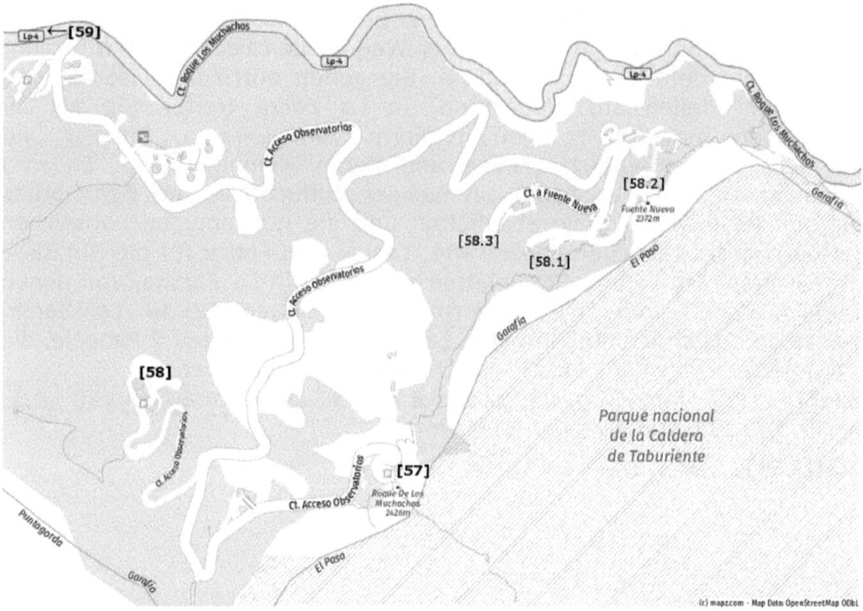
[59]
Lp-4
Cl. Roque Los Muchachos
Cl. Acceso Observatorios
[58.2]
Cl. a Fuente Nueva
Fuente Nueva 2372m
[58.3]
[58.1]
El Paso
Garafía
[58]
Parque nacional de la Caldera de Taburiente
[57]
Roque De Los Muchachos 2426m
Puntagorda
(c) mapz.com - Map Data: OpenStreetMap ODbL

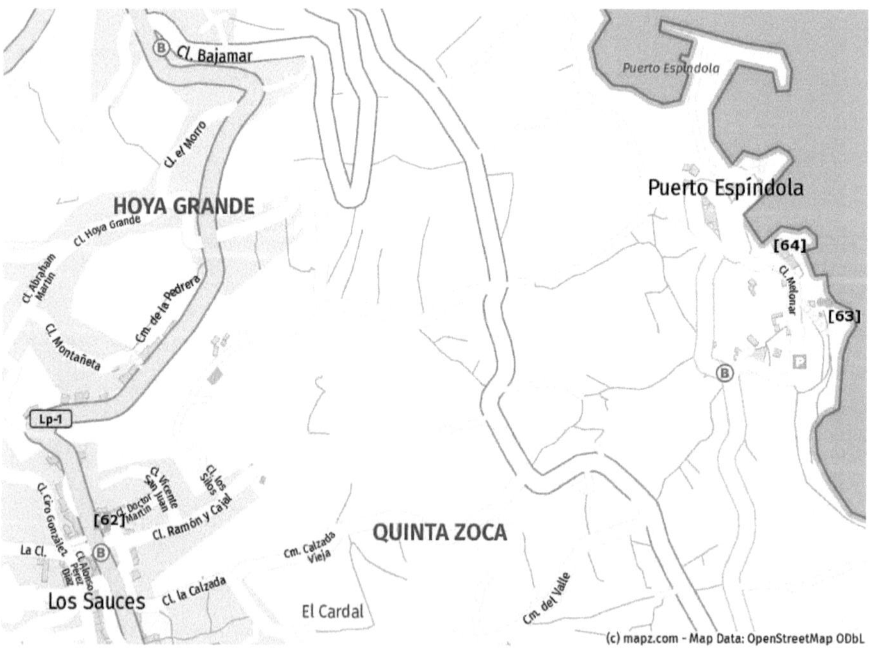
Cl. Bajamar
Puerto Espíndola
Cl. el Morro
HOYA GRANDE
Cl. Hoya Grande
Cl. Abraham Martín
Cm. de la Pedrera
Cl. Montañeta
Lp-1
Puerto Espíndola
[64]
Cl. Melonar
[63]
Cl. Vicente San Juan
Cl. los Silos
Cl. Ciro González
Cl. Doctor Martín
[62]
Cl. Ramón y Cajal
La Cl.
Cl. Alonso Pérez Díaz
QUINTA ZOCA
Cm. Calzada Vieja
Los Sauces
Cl. la Calzada
El Cardal
Cm. del Valle
(c) mapz.com - Map Data: OpenStreetMap ODbL

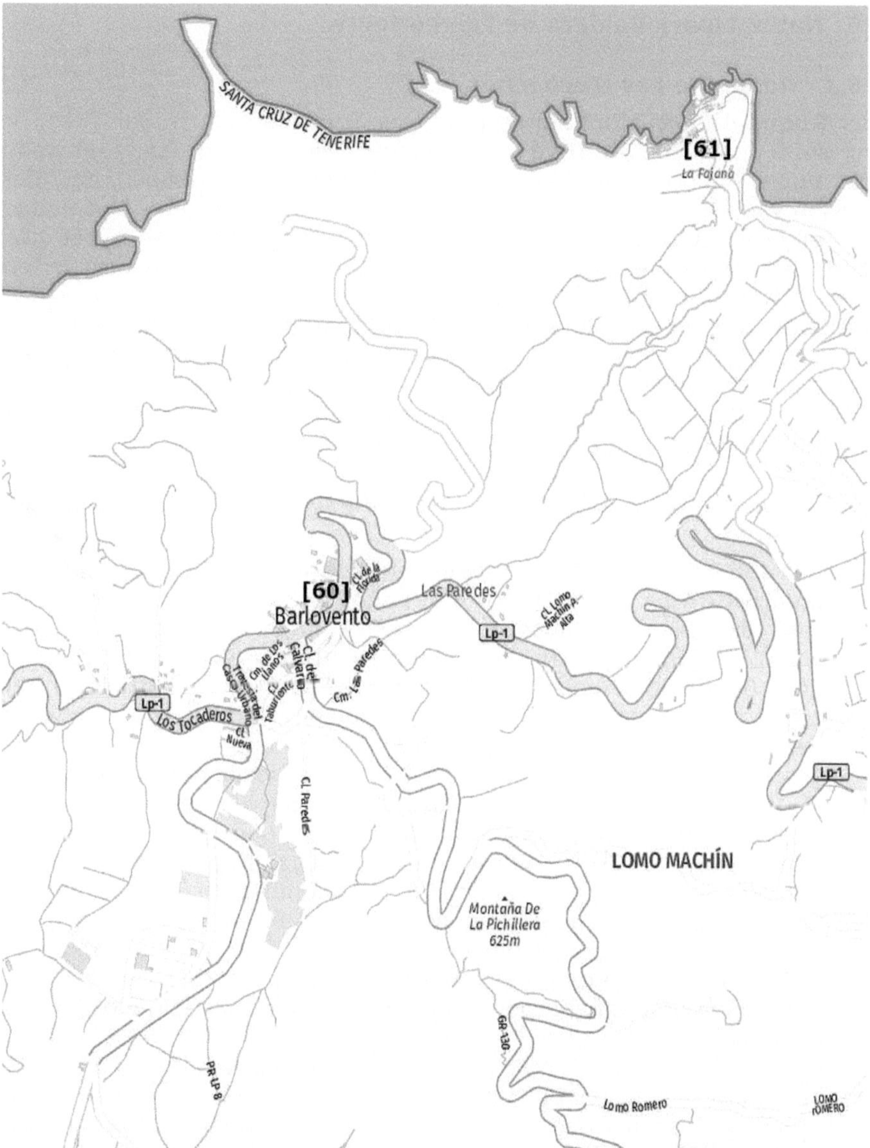

(c) mapz.com - Map Data: OpenStreetMap ODbL

25 Nationalpark Caldera de Tamburiente

25.1 Roque de Los Muchachos

Der **Roque de Los Muchachos [57]**, der Turm der jungen Burschen, ist mit 2426 m der höchste Berg auf La Palma. Sein höchster Punkt entstand aus Vulkanschloten, die wie riesige Steintürmchen aussehen und der Erosion von Wind und Wasser über Jahrtausende standhielten. Der Roque ist Teil des Nationalparks der Caldera de Tamburiente und bildet den nordwestlichen Teil des Kessels. Von den ausgeschilderten Aussichtspunkten stehen Sie quasi auf dem Dach der Welt und sehen über den Wolken die Gipfel der Nachbarinseln: Den Teide auf Teneriffa mit 3718m, den Malpaso auf El Hierro mit 1501m und den Alto de Garajoay auf Gomera mit 1487m.

ⓘEine frühe Anreise ist aufgrund geringer Parkplatzkapazität empfehlenswert, ⌂LP-1> LP- 4, Beschilderung folgen

25.2 Observatorio Astrofisico- Astrophysische Observatorium La Palma

Im Jahr 1984 wurde das Observatorio Astrofisico, das **Astrophysische Observatorium La Palma [58]** unterhalb des Roque de Los Muchachos errichtet, das Sie inzwischen besichtigen können. Bei diesem Projekt waren und sind immer noch internationale Astrophysiker aus 19 Ländern und über 60 Institute beteiligt, die aktuell 15 Teleskope betreiben. Der privilegierte Standort über den Wolken ist ohne jegliche Lichtverschmutzung, hat eine klare Sicht und bietet optimale Voraussetzungen für eine astronomische Forschung, die neben Hawaii nur auf La Palma zu finden ist. Im Jahr 2007 ging hier das größte und modernste Weltraum- Spiegelteleskop Europas, das **Gran Telescopio Canarias**, kurz GTC, in Betrieb. Die riesige Kuppel misst einen Durchmesser von 33 m. Im Mittelpunkt des 27 m hohen Teleskops steht der Hauptspiegel mit einem Durchmesser von 11 m, der sich aus 36 kleinen, hexagonalen Spiegeln zusammensetzt.

Das GTC ist eine Kooperation des Astrophysischen Instituts der Kanaren, der Spanischen und Kanarischen Regierung, an der auch u.a. Mexiko und die USA beteiligt sind.

ⓘBesichtigung des GTC: Unter https://lapalmastars.com/de/ können Sie die Besichtigung buchen. Bitte beachten Sie, dass die Führungen nur in englischer und spanischer Sprache durchgeführt werden. Die Anreise muss mit dem Pkw erfolgen. Die Anfahrt ab Puerto Naos, oder Santa Cruz beträgt ca. 2 Stunden.

Auf dem Roque de Los Muchachos können Sie zudem 3 weitere Teleskope von Außen besichtigen:

Das Spiegelteleskop MAGIC IACT [58.1] ist auf die Gamma- Strahlung spezialisiert, hat einen Durchmesser von 17 m, eine Spiegelfläche von 246qm und ist eine Kooperative von Deutschland, Italien und Spanien.
Das Wilhelm Herschel WHT [58.2] war bis zur Eröffnung des GTC das größte und wichtigste von Großbritannien betriebene Teleskop weltweit. Die Astrophysiker beobachten neben der Konstellation der Planeten, Asteroide, Kometen und erforschen schwarze Löcher und Galaxien.
Das 1-m Solar Telescope SST [58.3] ist Europas größtes Solar- Teleskop und das zweitgrößte der Welt. Hier erforschen schwedische Astrophysiker Sonnenflecken und Magnetfelder.

25.3 Flora de Cumbres- Tajinaste Rosado

Von Ende April bis August können Sie das farbenfrohe Naturschauspiel der **Tajinaste Rosado [59]** am Roque de Los Muchachos beobachten.
Die Tijinaste (lat. Echium) ist eine Pflanzenart der Gattung Natternköpfe und gehört zur Familie der Raublattgewächse. Die rosa Blüten stehen in einem großen, sich verjüngenden Blütenstand, der bis zu 3 m hoch ist. Nach einem 3- 5-jährigen Wachstum stirbt die Pflanze nach der Blütezeit ab. Der endemische Natternkopf, den man in einer ähnlichen Art auch als rote Tajinaste del Teide auf Teneriffa findet, war so gut wie ausgerottet. Seit dem Jahr 1990 wird ein Wiederherstellungsprogramm der Regierung durchgeführt, das Anpflanzungen und Wiederansiedlung umfasst. ⌂LP- 4, km 38

26 BARLOVENTO

Barlovento, übersetzt mit Windseite, hat 1.855 Einwohner und ist die größte und wirtschaftlich bedeutendste Gemeinde im Norden auf der dem Wind zugewandten Seite der Insel. Im Küstenbereich und in den höheren Lagen werden Bananen und Obst angebaut. Nicht nur in den Wintermonaten ist es in dieser Region recht kühl und bewölkt, oft kommt es zu Regenfällen, Nebel und starken Passatwinden.

26.1 Iglesia de Nuestra Señora del Rosario

Das genaue Baujahr der Pfarrkirche **Iglesia de Nuestra Señora del Rosario [60]** ist aufgrund von fehlenden Aufzeichnungen nicht bekannt, es wird jedoch auf das Jahr 1581 datiert. Erstmals wurde sie am 24. Mai 1660 in einem Dokument von Felipe IV von Spanien gleichzeitig mit den Kirchen in Puntagorda, Garafía und Tijarafe erwähnt. Das einschiffige Kirchengebäude ist 35 m lang, 9 m breit und war zur Bauzeit das größte Gebäude der kleinen Gemeinde. Im Jahr 1710 begann der Ausbau der Kirche mit umfangreichen Arbeiten am barocken Hauptaltar. Das Altarbild entstand laut Inschrift im Jahr 1767 und wurde am 28.02.1768 gesegnet. In den letzten Jahrhunderten wurde die Kirche mehrfach modifiziert und besticht mit der Einfachheit ihrer architektonischen Linienführung. Der

Glockenturm aus braunem Vulkangestein ist auf den 23.11.1902 datiert. Sehenswert sind die schönen Holz- Kassettendecken im Mudéjar- Stil, und drei wertvollen Schnitzereien: La Virgen del Rosario- die Jungfrau des Rosenkranzes, La Virgen del Carmen- die Jungfrau der Carmen und El Christo americano- der amerikanische Christus mit Gelenkarmen aus dem 17. Jahrhundert. ⌂ Calle Venezuela, 8a- 38726 BarloventoLa Laguna de Barlovento

Die Lagune von Barlovento [60.1] ist ein künstlich angelegtes Stauseebecken, das sich in einem ehemaligen Vulkankrater auf 600m über dem Meeresspiegel befindet. Im Jahr 1970 wurde aufgrund eines gestiegenen Wasserbedarfs für die Bananenplantagen an der Küste der Gemeinde, sowie im Südosten der Insel, der Bau eines Stausees mit einem Fassungsvermögen von 5 Mio. cbm geplant. Seinerzeit war es das größte Wasserreservoir des Kanarischen Archipels.

In unmittelbarer Nähe liegt der Parque Recreativo Laguna de Barlovento [60.2], ein Erholungsgebiet mit Campingplatz, das sich bei den Einheimischen größter Beliebtheit erfreut. ⌂ LP 109- La Laguna

26.2 La Fajana

Durch üppige Bananenplantagen geht es zu den ausgeschilderten Meerwasserbecken von **La Fajana [61]**. Treppen mit seitlichen Sonnenterrassen führen Sie zu den drei natürlichen Schwimmbecken, die an der stürmischen Lavafeldküste durch überschwappende Wellen geschützt sind und durch Meerwasserzuläufe gespeist werden. Einmalig, aber auch witzig, sind die kleinen Fische auf dem Grund eines Beckens, mit denen Sie baden können.

ⓘUnbedingt sollten Sie auf die Informationen vor den Becken achten. Je nach Strömung und Jahreszeit können sich auch MEDUSAS- Feuerquallen in den Becken befinden. 🕓Täglich, ⌂LP- 1, km 28 auf die LP- 106 La Fajana

27 SAN ANDRÉS Y SAUCES

Die Orte der Gemeinde San Andrés y Sauces sind geografisch voneinander getrennt. Früher existierten hier viele Weidenbäume, übersetzt Sauces, daneben wurde Zuckerrohranbau betrieben. Im Gegensatz zu Los Sauces, liegt San Andrés umrungen von üppigen Bananenplantagen, an der Steilküste. Er ist der ältere Ort und hat eine historische Altstadt. Bereits kurz nach der Eroberung erhielt San Andrés Stadtrechte und war die Hauptverwaltung im Nordosten der Insel.

27.1 Iglesia Nuestra Señora de Montserrat

Die Pfarrkirche **Iglesia Nuestra Señora de Montserrat [62]** ist eine der größten Gotteshäuser der Insel und wurde zu Ehren der Heiligen Jungfrau von Montserrat errichtet, die die Schutzheilige der Gemeinde ist.

Sie wurde im Jahr 1513 auf Anordnung des Zuckerbarons Marcos Roberto de Montserrat erbaut und im 20. Jahrhundert umstrukturiert. Sehenswert sind die flämischen Kunstschätze, die Statue der Jungfrau, sowie ein Holzgemälde, das die Jungfrau auf dem katalanischen Berg Montserrat darstellt.
⌚tägl. 8-13.30, 16.30-20 Uhr, ⌂LP- 1 Gral. Bajamar,2- 38729 Los Sauces

27.2 Charco Azul- Piscinas Naturales

Besuchenswert ist der **Charco Azul [63]**, übersetzt als die blaue Pfütze, den Sie über die LP-104 erreichen. Hier führt der Straßenverlauf an Plantagen vorbei, an denen die Bananen bereits aus dem Auto zum greifen nah sind. Sie treffen auf natürliche Meerwasserschwimmbecken, die Piscinas Naturales, in denen Sie jederzeit baden gehen können. Es handelt sich um Becken, die vor der Brandung geschützt sind und kontinuierlich einen direkten Meerwasserzulauf haben. Der Charco Azul wurde 2019 zu den besten Schwimmbädern auf den Kanaren gewählt und hat 3 große Becken, von denen eins für Kinder ist.
ⒾZugang: Am 1. Parkplatz folgen Sie der asphaltierten Straße nach links, oder Sie folgen dem Straßenverlauf bis zum Restaurant La Cantina und gehen dort die Treppen herunter. ⌚tägl.,💰frei, ⌂Camino de Melonar, 38729 Los Sauces

27.3 Destilerias Aldea- Centro de Interpretación de la Caña de azúcar y del Ron

Im 16. Jahrhundert gehörte La Palma zu den wirtschaftlichen Zentren Spaniens. Zu jener Zeit wurde Zuckerrohr als erste große Monokultur angebaut und direkt für die Herstellung von Rum verwendet. **Ron Aldea [64]** ist ein Familienunternehmen, das bis heute noch seinen Rum aus Zuckerrohrsaft herstellt und auf die Verwendung von Melasse, die bei der Herstellung von Zucker anfällt, verzichtet. Durch die Verwendung traditioneller Destillierkolben aus Kupfer bleiben die Aromen des Safts erhalten.
Das Interpretationszentrum für Zuckerrohr und Rum steht nicht unter der Aufsicht der Inselregierung von La Palma. Es handelt sich lediglich um die private Fabrikationsstätte des Rumherstellers. Entgegen der Beschreibung des Werbeflyers, dass "... der Besucher den ganzen Prozess vom Anbau, dem Entsaften, derGärung bis hin zur Destillation miterleben kann..., wo er die Möglichkeit hat, an der geheimnisvollen Herstellung von unserem international anerkannten Rum teil zu nehmen..." sieht in der Realität anders aus. Bei der kostenpflichtigen Führung sehen Sie die Maschinen, die nicht aktiv betrieben werden und werden kurz in den Außenbereich des Unternehmens geführt. Das Erlebnis der Rumherstellung stellt sich hier in keinster Weise ein. Auch die ausgelobte gratis Rumverköstigung ist kostenpflichtig.

➊Tipp: Das Eintrittsgeld für die Führung können Sie besser sofort in den Kauf einer Flasche Rum investieren, denn nach der Führung werden Sie garantiert genauso uninformiert wie vorher sein. ➋Mo- Fr 9.30-14, 15-17, Sa 9- 14 Uhr, geführter Rundgang 5,00 €, um 10+ 12 Uhr, ⌂ Calle El Melonar, 83, 38720 Los Sauces

Notizen…✐…

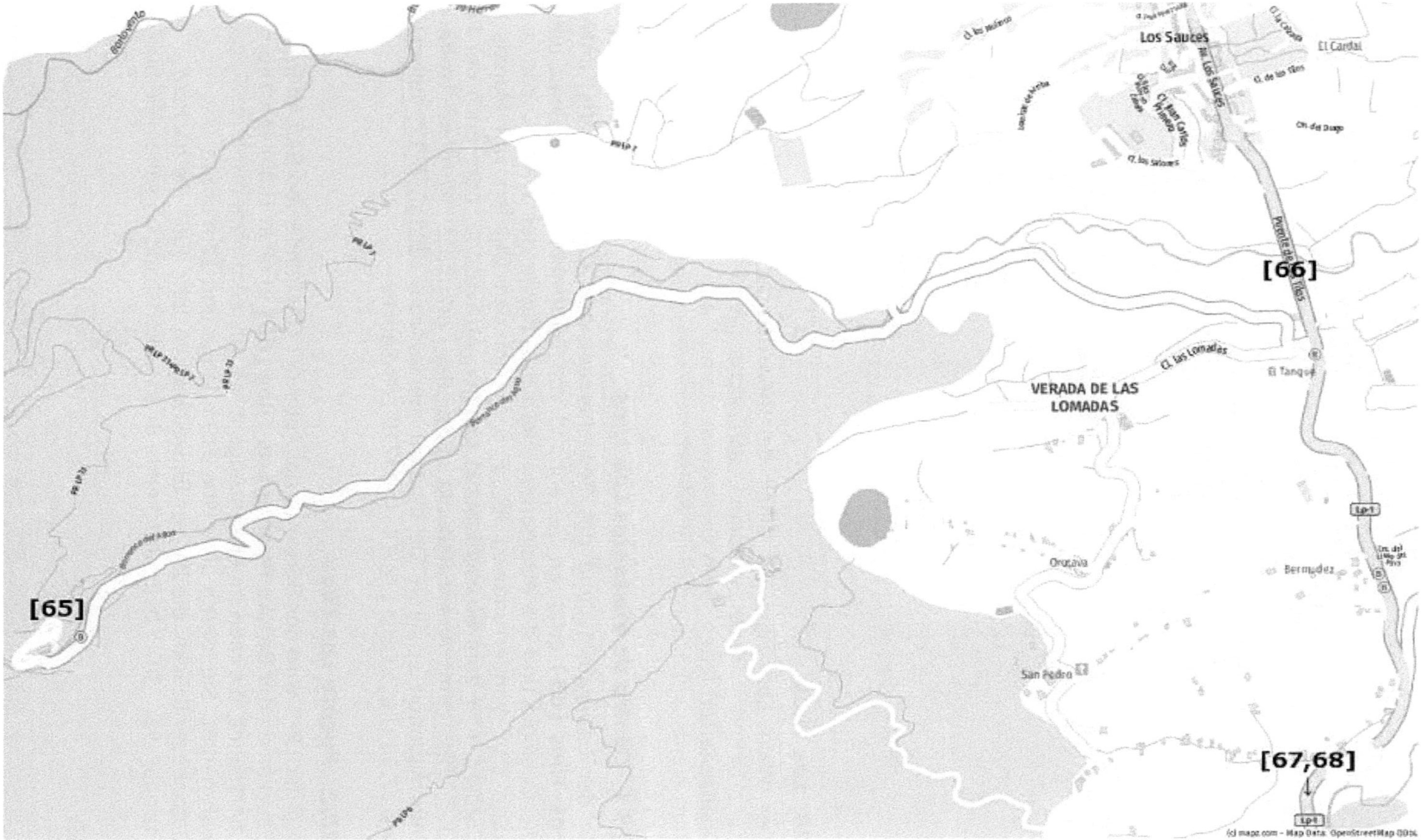

Los Sauces
Av. Los Sauces
El Cardal
Cl. de los Tilos
Ch. del Drago
Cl. Juan Carlos Primero
Cl. los Sauces
Puente de los Tilos
[66]
Cl. las Lomadas
El Tanque
VERADA DE LAS
LOMADAS
Orotava
Bermudez
San Pedro
LP-1
[67,68]
[65]
Barlovento
PR LP 7
(c) mapz.com - Map Data: OpenStreetMap ODbL

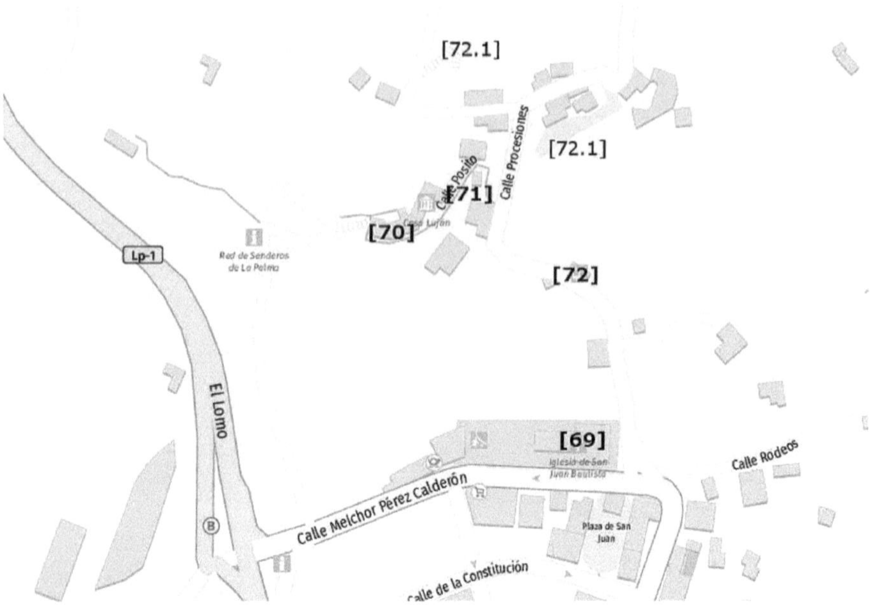

28 Los Tilos

Der Wald Los Tilos ist einer der bedeutendsten Lorbeerwälder der Kanarischen Inseln indem zahlreiche endemische Tiere- und Pflanzenarten leben. Sein Ökosystem stammt aus dem Tertiär und wurde zum Weltbiosphärenreservat erklärt.

28.1 Centro de Visitantes Los Tilos

In der Dauerausstellung des Besucherzentrums **Centro de Visitantes Los Tilos [65]** erfahren Sie anhand von Informationstafeln vieles über die Geologie und die einzigartige Flora und Fauna des Waldes. Von hier kann der Wanderrundweg PR-LP 6 bis zu den Quellen von Marcos y Cordero oder zum Aussichtspunkt Espigón Atravesado, oder auch der PR LP-7 bis zum Aussichtspunkt Barandas erkundet werden. Weitere Informationen erhalten Sie im Besucherzentrum. ⌚tägl. 9-17, Juli- Okt bis 17.30 Uhr, ⌂Calle Los Tilos, 38720 Los Sauces

28.2 Puente Los Tilos

Auf der LP-1 wird der Barranco del Agua der Gemeinde von San Andres y Sauces von der Brücke **Puente Los Tilos [66]** in einer Höhe von 150m überspannt, die man im ersten Augenblick aus dem Auto nicht wahrnimmt. Sie fahren über eine 319m lange und 12m breite Betonbogenbrücke, die bei der Einweihung im Jahr 2004 die höchste Europas war. ⓘDie beeindruckende Brückenkonstruktion sehen Sie nur auf dem Rückweg von dem Lorbeerwald Los Tilos auf der LP-31 zur LP-1. Cubo de La Galga

Der **Cubo de La Galga [67]** ist ein dichter urzeitlicher Lorbeerwald, der durch seine vielen Quellen zu den schönsten der Kanaren gehört. Auf einem 3- stündigen Rundweg tauchen Sie in die Ökologie des Waldes ein und entdecken die üppige Vielzahl an Gewächsen wie Kanarische Stechpalmen, Farne und Stinklorbeerbäume. Je weiter der Weg ins Zentrum der Schlucht führt, umso intensiver ist die enorme Feuchtigkeit spürbar. ⓘDie Blockhütte neben dem Parkplatz beherbergt den Punto de Información, indem Sie ein Informationsblatt zum Naturlehrpfad erhalten. ⌚Tägl. 9-16 Uhr, ⌂LP 1- km 16, zwischen 2 Tunneln

29 Parque Arqueológico El Tandal

Das Besucherzentrum **El Tandal [68]** liegt im höchsten Teil der San Juan- Schlucht gegenüber der Höhle Cueva de El Tandal. In der modernen Dauerausstellung erfahren Sie anhand von Schautafeln, interaktiven Touchscreens und Fundstücken aus der Höhle und der Region wissenswertes über die Ureinwohner der Insel. Eine Filmvorführung über das Alltagsleben der Benahoritas, Totenrituale und Felsritzungen komplettieren die Ausstellung. Von der Terrasse des Zentrums genießen Sie einen spektakulären Panoramablick auf die Schlucht und die gigantische Höhle, die sich aus 16 kleinen Nischen zusammensetzt. ⌚Di-Sa 10-18, So+Mo 10-15 Uhr, 💰frei, ⌂LP1- km 19, 38729 San Juan

30 PUNTALLANA

Das Gemeindegebiet Puntallana mit ca. 2.500 Einwohnern grenzt südlich an die Hauptstadt Santa Cruz de La Palma. Zu Zeiten der Ureinwohner wurde dieser Teil der Insel als siebtes Königreich bezeichnet. Durch die hohe Niederschlagsmenge, die durch den Nordostpassat begünstigt wird, entstanden zahlreiche Quellen und machten den Boden fruchtbar. Aktuell werden Obst, Gemüse, Wein und insbesondere Bananen angebaut.

30.1 Iglesia de Juan Bautista

Die Hauptkirche **Iglesia de Juan Bautista [69]** des Ortes stammt aus dem 16. Jahrhundert und besticht durch das aus dunklem Tuffstein gefertigte Hauptportal. In der gepflegten Gartenanlage weihte der Bürgermeister des Ortes den Brunnen im Juni 1997 ein. ⌚Nur sonntags zur Messe, ⌂ Ctra. General,21- 38715 Puntallana

30.2 Museo Etnográfico Casa Luján

Das im Ort ausgeschilderte **Museo Etnográfico Casa Luján [70]** beherbergt ein völkerkundliches Museum. Vom Parkplatz gehen Sie rechts um das darunterliegende Gebäude herum. Im Souvenirshop erwartet Sie Señor Carlito, der Ihnen das Museum öffnet.

Das Casa Luján ist ein typisch kanarisches Haus im Kolonialstil und stammt aus dem späten 17. Jahrhundert. Es ist zweistöckig, in L- Form konzipiert und hat einen großen ummauerten Innenhof. Im Laufe der Jahrhunderte hatte das inzwischen restaurierte Gebäude unterschiedliche Nutzungen: Zunächst diente es der Familie Francisco Luján als Wohnhaus, dann als Gericht, Niederlassung der Guardia Civil, Mädchenschule und Sitz der Stadtverwaltung.

Im Erdgeschoss wurde ein altes Klassenzimmer eingerichtet. Das Obergeschoss ist über 2 Holztreppen zugänglich, hat einen Laubengang und wurde ausschließlich als Wohnraum genutzt. Hier wurden die Zimmer mit antiken Möbeln und dekorativen Details ausgestattet.

Das besondere am Museum ist, dass unterschiedliche Szenen des Alltagslebens durch die Platzierung von Mayos nachgestellt wurden. Mayos sind handgefertigte Lumpenpuppen **[71]** in Lebensgröße, die auf La Palma in erster Linie für die Feierlichkeiten des heiligen Kreuzes am 03. Mai jeden Jahres gefertigt werden.

🕒Mo- Fr 10-13, 15.30-18.30, Sa 10- 13 Uhr, 💰frei, ⌂Calle Procesiones, 5c- 38715 Puntallana

30.3 Biblioteca Bila

Zwischen der Kirche des Ortes und dem Casa Luján befindet sich die inzwischen geschlossene **Bibliothek Bila [72]**. Das kleine Gebäude diente als Leihbücherei mit über 5000 deutschen Titeln, die auch leider nicht mehr, wie anfangs angedacht, online verfügbar sind. ⌂Calle Procesiones, 2

30.4 Fuentes de Puntallana

Von der Casa Luján sind die zwei fließenden Quellen Fuentes de Puntallana [72.1] des Ortes ausgewiesen. Für die **La Tuentiña** folgen Sie dem Wanderschild- Fuente El Corcho. Ein Weg auf der rechten Seite führt bergab an Palmen vorbei zu den antiken Waschbecken, in denen die Frauen des Dorfes die Wäsche reinigten.

Die zweite, ebenfalls ausgeschilderte Quelle, die **Fuente de San Juan**, ist eine Trinkwasserquelle, um die sich der Ort Puntallana bildete.

Notizen…✐…

31 Strände von La Palma

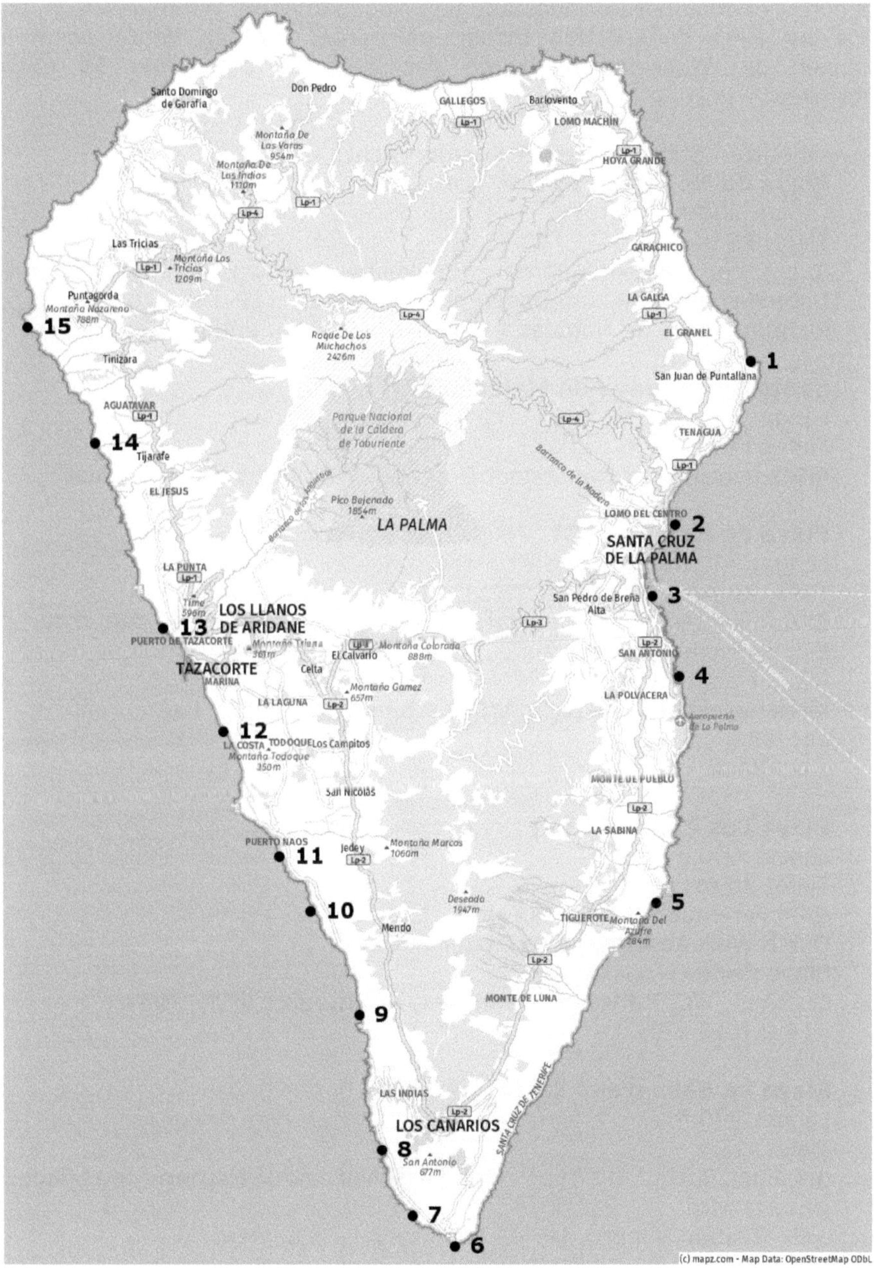

Auf La Palma existieren ausschließlich schwarze Lava- Sandstrände, an denen Sie entspannte Urlaubstage verbringen können. Die Badesaison ist, wie auf allen Kanarischen Inseln, ganzjährig. In den Wintermonaten können die Wassertemperaturen des Atlantiks auf kühle 18 Grad absinken.

Die schönsten Strände in einer Kurzübersicht:

Playa de Nogales [1]
Länge: 500 m
Tiefe: 25 m
ⓘan der spektakulären Steilküste von Puntallana, starke Unterströmungen, zum Baden nicht geeignet, ⌂ LP-1 km 10 > LP- 102 Richtung Playa de Nogales > Zu Fuss in 20 Min. entlang der Klippen

Santa Cruz- Playa de Malecón [2]
Länge: 550 m
Tiefe: 150 m
ⓘStadtstrand der Hauptstadt Duschen, WC, Rettungsschwimmer

Playa de Bajamar [3]
Länge: 700 m
Tiefe: 40 m
ⓘVor dem Hafen der Hauptstadt, und meistbesuchtester Strand der Einheimischen im Sommer
Blaue Flagge
Kinderspielplatz, Duschen, WC, Rettungsschwimmer, Restaurants in der Nähe
⌂ LP- 2

Playa Los Canjacos [4]
Länge: 600 m
Tiefe: 30 m
ⓘIm Feriengebiet Los Cancajos
Durch Wellenbrecher geschützter Strand
Blaue Flagge
Duschen, WC, Rettungsschwimmer, Restaurants in der Nähe
⌂ LP-2 > LP- 201

Playa La Salineras/ Salemera [5]
Länge: 200 m
Tiefe: 15m
ⓘKleine Bucht, die von Einheimischen zum Fischen und Baden genutzt wird
⌂ LP- 2 >San Simón> LP- 217 Richtung La Salemera

Playa de El Faro de Fuencaliente [6]
Länge: 100 m
Tiefe: 20 m
ⒾNeben den Leuchttürmen von Fuencaliente
⌂ LP- 2 > in Los Canarios > LP- 207

Playa Echentive- Playa Nueva [7]
Länge: 230 m
Tiefe: 80 m
ⒾDer Strand bildete sich nach dem Vulkanausbruch des San Juan im Jahr 1971 und nennt sich deshalb auch Playa Nueva- neuer Strand.
3 asphaltierte Wege zum Strand
⌂ Vom Faro de Fuencaliente LP- 207 Richtung Los Llanos de Aridane

Playa Punta Larga [8]
Länge: 100 m
Tiefe: 25 m

Playa La Zamora [9]
Länge: 150 m
Tiefe: 15 m
ⒾDer meist besuchteste Strand in der Gemeinde Fuencaliente
⌂ LP- 2> LP 209

Playa El Charco Verde [10]
Länge: 250 m
Tiefe: 75 m
ⒾMittig teilt ein großer Felsen, der sogenannte El Muellito, die Bucht in 2 Abschnitte.
Blaue Flagge
⌂ LP- 213 Richtung El Remo

Playa de Puerto Naos [11]
Länge: 500 m
Tiefe: 60 m
ⒾGrößter Strand der Urlaubsregion Puerto Naos, mit Palmen angelegter Strandpromenade, viele Restaurants in der Nähe
Blaue Flagge, Duschen
⌂ LP- 213 Puerto Naos

Playa de Los Guirres [12]
Länge: 500 m
Tiefe: 10 m
ⒾAuch unter Playa Nueva bekannt. Je nach Wellengang im Sommer Sandstrand, im Winter Seinstrand.

⌂ LP- 213 Richtung Puerto Naos> Abzweig La Bombilla> Straße Calle Camino de Las Hoyas

Playa del Puerto de Tazacorte [13]
Länge: 760 m
Tiefe: 90 m
ⒾZählt zu den besten Stränden der Insel und ist insbesondere bei Einheimischen der perfekte Erholungsort am Meer.
⌂ LP- 2> Tazacorte> Hafen, oder LP- 1> LP- 120

Playa de La Veta [14]
Länge: 760 m
Tiefe: 90 m
ⒾDer schmale Naturstrand liegt 200 m unterhalb der Steilküste. E wird im Winter vom Meer verschlungen und ist nur im Frühling zu sehen. Im Sommer wird der Strand von Insulanern genutzt, die in Strandnähe kleine Häuser besitzen.
⌂ Zugang schwer, LP- 1> Aguatavar- neben der Bar Guagua die Straße herunter > der asphaltierten Straße folgen. Ab Parkplatz, 20 min. zu Fuß.

Playa de Puerto Trigo [15]
Länge: 50 m
Tiefe: 7 m
ⒾKleine Sand- Kies- Bucht, die von Fischern mit Höhlenwohnungen genutzt wird.
Nicht ausgeschildert> Über Piste an Bananenplantagen entlang> ⌂ LP- 1> km 10- Abzweig LP- 2> Richtung Playa Nogales

Bevor Sie sich in die nassen Fluten des Atlantiks stürzen, möchte ich Ihnen folgendes ans Herz legen:

32 Achtung! Badeunfälle auf den Kanaren

Erschreckend ist, dass jedes Jahr so unendlich viele Urlauber im Atlantik ihr Leben lassen müssen. Teils aus Unwissen, aber auch Überheblichkeit, da sie denken, gute Schwimmer zu sein. Unterschätzt werden die extremen Unterströmungen in diesem Teil des Atlantiks, die auch jeden Profi- Schwimmer zum Verhängnis werden. Nur innerhalb weniger Sekunden kann eine "lustige" Welle zur tödlichen Bedrohung werden. Auch in absoluter Strandnähe, kann sich das Meer schlagartig zurückziehen und eine Sogwirkung entwickeln, der selbst ein ausgewachsener Elefant nicht standhalten könnte. Bewachte Strände mit Rettungsschwimmern, die sich im Ernstfall in absolute Lebensgefahr begeben, um den Badegast zu retten, sind unumgänglich. Tragischerweise sind auch wieder im letzen Jahr Ersthelfer Opfer des

Atlantiks geworden. Im Schnitt verliert jede Woche ein Mensch in den Kanarischen Gewässern sein Leben. Laut der aktuellen Statistik aus dem Jahr 2020 kam es trotz Corona- Ausgangsperren und rückgegangenen Tourismus zu 43 Todesfällen. Im Jahr 2019 waren es 57.

33 Zusammenfassung Miradores – Aussichtspunkte auf La Palma

La Palma ist die einzige Insel mit einer Vielzahl von fantastischen Aussichtspunkten, an denen Sie auch mit dem Auto anhalten können, um die Schönheit der Insel und Nachbarinseln zu genießen.

Entdecken Sie im Osten folgende Hauptaussichtpunkte:

- **Mirador de la Concepción** (LP-202, Breña Alta, Richtung Ermitta de Nuestra Señora de la Concepcion)
- **Mirador Barranco de los Gomeros** (LP-1, Oberhalb Santa Cruz de la Palma, Aussichtspunkt mit Bronzeskulptur)
- **Mirador de San Juanito** (LP-1 Km 5, Oberhalb Santa Cruz de la Palma)
- **Mirador de el Salto** (LP-5 Km 1, Breña Baja mit Blick auf den Ferienort los Cancajos)
- **Mirador de Risco Alto** (LP-5 Km 2, Breña Baja mit Blick auf den Ferienort los Cancajos)
- **Mirador del Aeropuerto** (LP-5 Km 3, Breña Baja in Flughafennähe)

Entdecken Sie im Süden folgende Hauptaussichtpunkte:

- **Mirador del Charco** (LP-2, Fuencalliente, in der Nähe der Ortschaft el Charco)
- **Mirador Las Indias** (LP-2, Fuencalliente, in der Nähe der Ortschaft Los Canarios)

Entdecken Sie im Westen folgende Hauptaussichtpunkte:

- **Mirador de los Andenes** (LP-4, Richtung Roque de los Muchachos)
- **Mirador de Birigoyo** (LP-301, bei El Pilar - Ruta de los Volcanes)
- **Mirador de las Deseadas** (LP-201, Cumbre Vieja- Ruta de los Volcanes nur zu Fuß erreichbar über Wanderweg GR131)
- **Mirador de la Montaña Cabrita** (LP-201, Cumbre Vieja- Ruta de los Volcanes nur zu Fuß erreichbar über Wanderweg GR131)
- **Mirador del Hoyo Negro** (LP-201, Cumbre Vieja- Ruta de los Volcanes nur zu Fuß erreichbar über Wanderweg GR131)
- **Mirador de la Cancelita** (Los Llanos, In Los Llanos auf der Calle Caldera in Richtung Nationalpark Caldera fahren bis zur Abzweigung Calle Cancelita und dieser bis zum Ende folgen)
- **Mirador de Puerto Naos** (LP-213, kurz vor dem Ort Puerto Naos)

- **Mirador Lomo de Tagasaste** (Auf dem Wanderweg im Nationalpark der Caldera de Taburiente)
- **Mirador de los Brecitos** (Auf dem Wanderweg im Nationalpark der Caldera de Taburiente)
- **Mirador Lomo de las Chozas** (Auf dem Wanderweg im Nationalpark der Caldera de Taburiente)
- **Mirador de los Roques** (Auf dem Wanderweg im Nationalpark der Caldera de Taburiente)

Entdecken Sie im Norden folgende Hauptsausichtpunkte:

- **Mirador de las Cabezadas** (La Punta oberhalb des Mirador del Time, auf der LP-1 nach dem Mirador del Time die erste Straße El Time rechts bis zum Ende folgen)
- **Mirador El Time** (LP-1, La Punta)
- **Mirador Espingón Atravesado** (LP-105 bis zum Ende, Vom Los-Tilos-Besucherzentrum dem Lehrpfad zu Fuß folgen)
- **Mirador La Tosca** (LP-1, in der Nähe der Ortschaft Barlovento)
- **Mirador de los Matos** (Am unteren Ende des Steilhangs der Ortschaft Puntagorda)
- **Mirador Barranco de Garome** (LP-1, in der Nähe der Ortschaft Tinizara)
- **Mirador Los Dragos** (LP-1, in der Nähe der Ortschaft Fagundo)
- **Mirador de Miraflores** (In der Ortschaft Fagundo nähe Puntagorda)
- **Mirador de la Montaña del Molino** (LP-1, in der Nähe der Ortschaft Barlovento)
- **Mirador San Bartolomé** (LP-1 Abfahrt nach San Bartolome nähe La Galga)

34 Allgemeine Informationen Kanaren

Apotheken

- Apotheken gibt es in allen größeren Ortschaften. Im Gegensatz zu Deutschland bekommen Sie sehr viele Medikamente hier auch rezeptfrei und deutlich günstiger.

Badesicherheit

- Jedes Jahr sterben auf den Kanaren Menschen beim Baden! Beachten Sie unbedingt, dass der Atlantik in den kanarischen Gewässern äußerst gefährlich ist. Starke Strömungen, Unterströmungen und plötzlich auftretende Wellen mit starker Sogwirkung sind keine Seltenheit. Selbst erfahrene Profischwimmer haben bereits durch Unachtsamkeit ihr Leben verloren. Sobald die rote Flagge gehisst wird, gilt absolutes Badeverbot. Gehen Sie auf keinen Fall ins Wasser, nur weil bereits schon ein paar Leute baden. Bei gelber Flagge wird bereits empfohlen sich nur im strandnahen Bereich aufzuhalten. Wenn

Sie Zeuge eines Badeunfalls werden, schwimmen Sie auf keinen Fall hinterher. Informieren Sie, wenn vorhanden die Rettungsschwimmer an den bewachten Badestränden, ansonsten rufen Sie die 112 an. Sie können den Vorfall auch in Deutsch melden.

Banken und Geld

- In allen größeren Ortschaften gibt es Banken bzw. Bankautomaten. Bei Abhebung mit einer Geldkarte fallen allerdings teilweise hohe Gebühren, wie überall im Ausland an. Am besten haben Sie ein kleinen Vorrat an Bargeld mit dabei und zahlen allen weitern Beträge mit einer Kreditkarte.

Bus / Öffentlicher Verkehr

- Die öffentlichen Busse auf den Kanaren werden Guaguas genannt und verkehren regelmäßig zwischen allen größeren Ortschaften. Die Abfahrtszeiten finden Sie direkt an den Bushaltestellen (Paradas). Die Busfahrtkarten sind auf den Kanaren recht günstig.

Diebstahl

- Die Quote von Verbrechen ist auf den Kanaren sehr gering, aber natürlich gibt es auch hier "schlimme Finger". Lassen Sie daher bitte nichts von Wert offen und sichtbar liegen. Im Falle eines Diebstahls oder Verbrechens können Sie mit 112 direkt die Polizei anrufen. Um in Deutschland die Ansprüche bei ihrer Versicherung geltend machen zu können, müssen Sie sich ein Polizeiprotokoll ausstellen lassen.

Einkaufen und Geschäftszeiten

- Auf den Kanaren gibt es keine festen Ladenöffnungszeiten. In touristischen Gebieten sind die Geschäfte oft durchgehend von morgens bis abends geöffnet. Auch sonntags haben diese Läden auf. In normalen Wohngebieten bzw. Großstädten gibt es oft die klassische Mittagspause zwischen 13-17 Uhr.

Feste und Feiertage

- Auf den kanarischen Inseln werden viele allgemeine und inseltypische Feste zelebriert. Auch einzelne Gemeinden auf jeder einzelnen Insel haben zusätzlich noch ihre lokalen Feste und Feiertage. Der Cannario feiert nun mal gerne. Im Gegensatz zu Deutschland werden Feiertage, die auf ein Wochenende fallen an dem darauf folgenden Montag gefeiert. Es empfiehlt sich je nach Insel und Gemeinde vorher im Internet mal zu Googlen. Die Feste sind oft sehr interessant, da diese mit ursprünglicher Kleidung und höchst traditionell gefeiert werden.

Fotografieren

- Es gibt keine besonderen zusätzlichen Regelungen. Wie aber überall auf der Welt sollten Sie die Polizei oder Bereiche des

Militärs nicht filmen oder aufnehmen. Ansonsten heißt es gerne beim fotografieren "Feuer frei".

Gottesdienste / Messen

- Die kanarische Bevölkerung ist zum aller größten Teil katholisch und es gibt fast im jeden Dorf eine Ermit oder Kirche. Die Öffnungszeiten sind jeweils an der Kirche ausgeschlagen, obligatorisch ist aber immer der Sonntagsgottesdienst zur Mittagszeit. Da viele baulich interessante Kirchen nur zu Messezeiten öffnen, empfiehlt sich durchaus der Besuch einer Messe.

Mietwagen

- Auf den Kanaren sind Mietwagen schon für einen günstigen Preis zu erhalten. Im jeden Hafen, am Flughafen und auch in allen touristischen Orten gibt es Vermietstationen. Eine Reservierung ist auch bereits vorher über das Internet möglich.

Notfälle

- Die allgemeine Notfallnummer ist die 112 ohne Vorwahl! Hier spricht man auch Deutsch. Wenden Sie sich auch direkt an die Schiffsrezeption, dort sind Nummern von Ärzten, Botschaften, etc. bekannt.

Öffnungszeiten

- In den touristisch erschlossenen Gebieten, sind de Läden meist 7 Tage die Woche von morgens bis abends geöffnet. Auf den Kanaren existiert aber immer noch die klassische Siesta, so dass Geschäfte von 13-17 Uhr geschlossen haben. Da kein Ladenöffnungszeitengesetz wie in Deutschland existiert, werden sie immer einen Platz zum einkaufen und verweilen finden.

Sonne

- Achtung. Die Kanaren liegen nicht weit entfernt vom Äquator, so dass selbst im Dezember und Januar UV Werte erreicht werden, die in Deutschland nur im Sommer vorkommen. Lassen sie sich auf keine Fall von der Bewölkung am Himmel täuschen. Je nach Hauttyp empfiehlt sich also sowohl beim Landgang, wie auch auf dem Schiff Sonnencreme zu benutzen.

Zeitdifferenz

- Die Kanaren liegen in der westeuropäischen Zeitzone (Greenwich Mean Time bzw. GMT), während das spanische Festland oder auch Deutschland zur mitteleuropäischen Zeitzone gerechnet werden. Das bedeutet eine Stunde Zeitunterschied. Ist es in Deutschland beispielsweise 10.00 Uhr am Morgen, so zeigt die Uhr auf den Kanarischen Inseln 9.00 Uhr an.

Zoll

- Die Kanaren gehören politisch zur EU, aber haben seit dem Beitritt im Jahr 1983, bis heute ihren Sonder- Zoll-Status

beibehalten. Die Mehrwehrsteuersätze und sonstigen Steuersätze sind geringer, dies führt aber auch dazu, dass die erlaubten zollfreien Einfuhrmengen nach Deutschland deutlich niedriger Ausfallen als gewohnt bzw. so wie eine Einreise aus dem EU Ausland behandelt werden. Da sich die deutschen Zöllner dieser Sache sehr bewusst sind, sind Kontrollen bei der Rückreise wahrscheinlich und können bei Überschreitung der Freimengen zu hohen Strafen führen.
Empfehlung: halten Sie sich unbedingt an die erlaubten Einfuhrfreimengen. Den aktuellsten Stand können Sie über https://www.zoll.de/DE/Privatpersonen/Reisen/reisen_node.html

Notizen…✐…

35 Stichwortverzeichnis

R

S

T

V

W

Z